落語―哲学

中村昇

亜紀書房

落語――哲学

「二つの世界」と落語——はじめに

西洋哲学史のなかで、まちがいなく天才だといえるのは、ウィトゲンシュタインとニーチェだろう。この二人は、哲学を本格的に研究したことは一度もない。一人は論理学者で、もう一人は古典文献学者だ。それなのに、哲学の本質を生涯問いつづけた。もちろん、ライプニッツのような化け物もいる。でも、この化け物は、哲学者というより数学者といった方が正確だし、哲学以外にもこの上ない才能を発揮しつづけた。

むろん、ニーチェにかんしても、哲学者といえるかどうかは疑問である。哲学の問いを問いつづけたというより、西洋哲学の歴史における錯誤を根底的に指摘したのだから。だから、「西洋哲学史」にたいする執拗な告発者といった方が正確かもしれない。そして最終的に、西洋の哲学の根本にある考えそのものを崩壊させた。奇しくもニーチェは、ウィトゲンシュタインが生まれた一八八九年に精神の闇に陥るまで（亡くなったのは、一九〇〇年）、プラトンのイデア論、そしてキリスト教の二世界説にしつこく絡んでいた。

古代ギリシアの哲学者プラトンがいいだして以来、西洋では、世界は二つに分けることによって考えられてきた。「イデア界」（理想の世界）と「現実界」（ありのままの世界）だ。前者が完全な世界で、後者はその劣った形態だというのである。たとえば、「イデア界」には完全な三角形があり、それに対して、われわれが生きているこの世界には、そんなものはない。完璧な平面はないし、そもそも直線には幅がある。だから、どんな三角形を描いても、内角の和は決して百八十度ぴったりにはならない。

人だってそうだ。もともと「イデア界」という理想界にいたときは、われわれは両性具有の完全人だった。ところが、この不完全な現実に降りたつと、それが二つに分かれて〈男－女〉、〈男－男〉、〈女－女〉という三つのパターンがある）、それぞれ「片割れ」となって生きていく。だから、恋愛という不可思議な現象がおきる。つまり、以前は完全だった片割れ同士が出会い、意味もわからず魅かれあう。こうして、恋というわけのわからない状態に落ちてしまうのだ。

そもそも恋愛というのは、本当に謎だ。いったい何の役に立つのだろうか。こんな無駄な現象があっていいのか。子孫を残すのであれば、ほかの動物みたいに発情期だけで充分ではないか。時間の無駄だ。恋をすることで、面倒な精神的な苦痛もあれば、場合によっては、刃傷沙汰《にんじょうざた》にもなる。ふったりふられたり、三角関係やストーカーなどなど。心身ともに傷つく可能性もあるし、へたをすれば命の危険もある。

たとえば、「崇徳院《すとくいん》」（「恋愛とみかん」（1）（2）参照）。若旦那が、さる茶店で若い娘さんに一目惚れをする。そのせいで死にかける（!!）。事情を聞きだした熊五郎が、その娘さんが短冊に書いて若旦那に渡してくれた「瀬を早み岩にせかるる滝川の」という上《かみ》の句だけを頼りに、相手を江戸中探しまわる。ところが、相手の娘さんも、同じ病で死にかけていた……。この「一目惚れ」という不思議な現象（「崇徳院」では、まさにキルケゴールのいう「死に至る病」だ）は、プラトンによれば、完全人だった時の思い出が甦るからおきるのだ。もともとは「自分だった他人」に出会うのだから、それはそれは、ひどく懐かしい。

このように、「イデア界」と「現実界」という二つの世界を想定すれば、もろもろの理解できなかった現象に説明がつくと考えた。われわれは、今生きている〈ここ〉で、理想の世界で完全人だった時のことを、すっかり忘れてしまっている。何もわからずに右往左往しているのだ。だから、「イデア界」にいた頃のことを思いだせば、すべてがわかる。本当のことが、思いだせるのだ。だからこそ、プラトンは、「哲学は想起」だといった。

これを「二世界説」という。キリスト教もこの考えを利用した。「神の国」と「地の国」というかたちで。「神の国」は理想の楽園であり、「地の国」はその楽園のさかさまの世界だというわけである。「地の国」で成功している人間は、「神の国」に入ることは難しい。つまり、「富んでいる者が神の国に入るよりは、らくだが針の穴を通る方が、もっとやさしい」（『新約聖書』）のだ。

ニーチェが否定したのは、この考え方だ。「神は死んだ」というこの哲学者の言葉は、このような理想の世界は、必要ないという意味だった。「神の国」や「イデア界」など考える必要はない。それらなんてこの世界でうまくいっていない者たちの妄想だというのである。たしかに、日々の暮らしがつらく、お金もない。ないどころか、多額の借金もある。そしてもちろん、毎日、満員電車で通勤しなければならない、生きていくために。もうくたくただ。こんな状態だったら、誰だってちがう世界を夢見たくなるだろう。それどころか、もっと大変な日常をおくっている人たちは、たくさんいる。不治の病もあれば、戦争もあるだろう。しかも、われわれがこうして生きている理由は、結局いつまでたってもわからない。向こうの世界を想定したくなるのは、しょうがないではないか。

しかしニーチェは、そんなごまかしを徹底的に否定する。そんな都合のいい妄想世界のことなど、きっぱり忘れろという。そんなものは、そもそもないのだから、想定してはいけない。われわれ有象無象《うぞうむぞう》は、砂漠のようなこの世界だけで、どうにかやっていくしかない、無明のままに。これが、この破壊的哲学者のいったことだ。

しかし、はたしてそうだろうか。こんな砂漠のような状態に、われわれは耐えられるだろうか。少なくとも、わたしは無理だ。われわれは、日々よくわからない日常をおくっている。何のためにお金を稼ぎ、どんな理由で生きているのか。こんな苦労をするにもかかわらず、最後は死ぬだけではないか、あっという間に。時間が長いだけで、夏中元気に鳴きつづける蟬と変わらないではないか。よくわからない、何もかも。本当にうんざりだ。

そんなとき、落語はそっと「枕」をさしだす。しかも、心地よい睡眠のためではない「枕」を。ちがう世界に誘う「枕」だ。つまり、こちらには、「噺の世界」があるよ、というのだ。ようするに、落語もまた「二世界」なのである。

春風亭小朝が、以前テレビで、二〇〇二年に亡くなった（五代目）柳家小さんの話をしていた。ある地方の会場で、小さんが落語を始めたとき、子供は走りまわり、おばさん連中は、大声で喋っていた。ところが、枕から噺に入ると、だんだんと客は静かになり、じっと話に聴き入り始めた。最後は水を打ったようになり、落ちでは爆笑がおこったという。

口演後、小朝がそのことを小さんにいうと、「そうだったかなぁ」ととぼけて、「噺に入りさえすればいいんだよ」と一言いったという。

「噺に入りさえすればいい」。これは、落語が二世界であることの証左であろう。「噺」という「イデア界」が、厳然と存在している。手練れの落語家は、その世界に連れていってくれるのだ。そこに行きさえすれば、すべては解決する。お客は、満足する。笑いと感動だけが支配する理想界でご満悦となる。何もかも懐かしい世界でくつろぐ。

ところが、落語の世界は、完全な二世界ではない。もうひとつ境界領域がある。それは、もうお気づきだと思うが、「枕界」(?)だ。「枕」という曖昧で半端な世界がある。

古今亭志ん朝は、私にとって(いやいや、人類にとって)特別な噺家だ。「古今亭志ん朝」という別物だといえるだろう。いってみれば、「志ん朝」というジャンルなのである。一人の落語家ではない、落語というジャンルをはるかに超えた、別の一ジャンルなのである(少なくとも、わたしにとっては)。

でも、その志ん朝さんでさえ、しくじることはある。ずいぶん前に志ん朝さんの「火焔太鼓」をみた。この噺は、親父の志ん生さんには、かなわないが(いつだか落語ファンの投票で、「志ん生の火焔太鼓」が、史上最高の「演者+噺」になったくらいだから、これは、しょうがない)、もちろん志ん朝師匠の「火焔太鼓」も素晴らしい。

この噺は、古道具屋の甚兵衛さんが、たまたま買ってきた太鼓が、大名に三百両(今でいうと、三千万円くらいでしょうか)で売れ、いつもは貧乏な甚兵衛さんやそのおかみさんが、大金を前にして、ひっくり返るほど驚き喜ぶという話である。ずっと大笑いできるジェットコースターのような噺だ(このいい方が、いちばんしっくりくるのは、「堀の内」だけど)。ところが、この噺の枕に、そのときの志ん朝さんは、こんな話をした。

この前ドイツに旅行に行って、その時に、向こうで借りた車で、アウトバーン(高速道路)をとばして気持ちがよかった、と。たしかに、志ん朝さんのドイツ好き(お棺に『独和辞典』を入れたくらい)は、落語ファンなら誰でも知っているし、それほど問題はない枕のように感じた。だが、それは噺に入るまでだった。この枕の後に、甚兵衛さんがでてきても、甚兵衛さんがおかみさんに馬鹿にされても、大名のお屋敷で五十両ずつ渡されてあたふたしても、どうもうまく噺に入れない。ドイツのアウトバーンが、ちらついてしまう。お金持ちの海外旅行というイメージが消えない。あぁ、志ん朝さんでも、こんなことがあるのかと、とてつもなく驚いた記憶がある。

「噺」がイデア界なら、「枕」は、その導入である「中間世界」だ。日常の世界から、「噺」

の世界へスムーズに誘わなければならない。日々の暮らしからきっぱり離れ、笑いの王国へと自然にたどり着かなければならない。とても難しい。若手の噺家が、いちばんよくやる失敗が、枕が面白すぎるというものだ。枕で爆笑がおきてしまい、噺に入ってからは、その枕の笑いを一度も超えられず終わってしまう。

「枕」は、日常と地続きだから、ニュースや普段の生活でおこった面白い話をいくらでもできる。ところが、「噺」は、そうじゃない。そこは、日常とは異なる次元であり、特別な場なのである。この場がうまく開かれないと、「日常」でもなく「噺」でもない中途半端な面白味のない世界に客はとどまりつづけることになってしまう。そんな居心地の悪い世界からは一刻も早く脱けだしたいと願うだろう。笑いは、一切おきない。

たとえば、初めは落語家だった明石家さんまという人がいる。この人は、「枕」だけをやりつづける芸人だといっていいかもしれない。自分の「枕」の世界に、他人をも巻きこみ、誰も作ったことのない笑いの場を、そのつど開いているといえるかもしれない。「噺」には決して入らないことにした人、「枕」の世界に踏みとどまる元噺家ということだろう。自分独自の「枕」の世界を持続的に創造しつづける人といえるかもしれない。だから、つねに笑わせつづけなければならない。「ダレ場」（噺のなかで、笑いのおこらないところ）

は許されないのだ。

まえおきは、これくらいにしよう。この話（とくに前半部）は、立川談志の落語の定義、つまり、「落語＝業の肯定」ということともかかわりがある。そして、それは、フランスの文学者カミュの「不条理」とも密接に関係してくる。これは、これからじっくり考えてみたい。

1

「業の肯定」から「業の否定」へ

不条理からの解放

「柳田格之進」

まがったことが嫌いな柳田格之進。仲良くなった碁仲間の萬屋《よろづや》源兵衛宅の離れで、お盆の晩に碁を打っていた。その最中に番頭が萬屋にお金を渡しに来る。ところが翌日その五十両が紛失してしまった。番頭は柳田を疑い、そのことを柳田に告げに行く。柳田は立腹するが、疑いを晴らすすべはない。父の切腹を心配した娘絹は、苦界《くがい》に身を沈め五十両つくる。父は、なくなった金が見つかった場合は、番頭と萬屋の命を頂くという言質《げんち》をとった上で、そのお金を番頭に渡す。その年の暮、萬屋邸の大掃除で、五十両が見つかる。それを知った柳田は、萬屋の家に向かうが……

小さい頃から疑問だったのは、なぜこうして毎日生きているのか、ということだった。どう考えてもおかしい。そもそも生まれる前の記憶がない。さらに、八十年くらいでみんな死んでしまう（無になってしまう）こともわかった。そうなると、いったい〈ここ〉にいる意味は何なのか、本当に心の底から不思議だった。

いずれ、立派な大人が（親なり、親戚なり、先生なりが）、この世界に生きている意味と死んだ後のことを、教えてくれるにちがいないと思っていた。おそらく、いろんなことがわかる中学生くらいになったら。だって、大人たちは、日々それほど迷いなく気楽に生きているように見えたから。

ところが、誰も何もいわない。まわりの連中は、いつまでたっても、笑ったり怒ったり、喜んだり悲しんだりしているだけ。生まれてきた意味も、死んでいく理由も、一切口をつぐんでいる。なんなんだよ、いったい、と思っていた。

アルベール・カミュの『シーシュポスの神話』を読んだのは、そんな時だった。シーシュポスは、神ゼウスから罰せられ、大きい岩を麓《ふもと》から山の頂上付近まで運ばなければならない。ところが、その岩は、頂きに達することなく、重力によってふたたび麓に転がり落ちていく。シーシュポスは、また山を下り、同じように岩を頂上へと運ぶ。これを、延々とくり返す。

何という無意味な作業だろう。考えただけでうんざりする。しかしカミュは、われわれが生きていくというのは、このようなぞっとする徒労だというのだ。この「不条理」な、わけのわからないあり方こそ、私たちの世界であり、人生だというのである。その通りだと思った。

たとえばこういうことだろう。私たちは、生まれてすぐ、野球を無理やりやらされる。ルールも何もわからないのに、とにかくバットをもち、グローブで球をとり、塁間を走りまわらなければならない。否応なく毎日。このような日々を何十年もやっているうちに、さすがにルールも覚え、うまくできるようになり、野球の楽しさを知る。ところが、そのように慣れてきたはずなのに、こちらの都合とはお構いなしに、唐突にゲームが終わってしまう。私自身も、バットもボールも、何もかも、グラウンドごと消滅する。そこには、何の痕跡も残らない。無（死）だ。これが、私たちの人生だろう。

立川談志は、「落語は業《ごう》の肯定だ」といった。談志は、これ以外にも、いろんなことを言っているし、自分は論理的じゃないともいっているので、この言葉を額面通りにとるのは野暮かもしれない。ただ、この談志の定義を手がかりにして、落語について考えてみよう。本当に落語は、業を肯定しているのだろうか。

そもそも「業」というのは、何なのか。これは、もちろん仏教からきた言葉だ。たとえば『佛教語大辞典』（中村元著、東京書籍）では（ざっと引用すると）、「①なすはたらき。作用。②人間のなす行為。ふるまい。③行為の残す潜在的な余力。身・口・意によってなす善悪の行為が、後になんらかの報いをまねくことをいう。特に前世の善悪の所業によって現世に受ける報い。ある結果を生ずる原因としての行為」といったことが書かれている。

もともと「業」とは、行為のことであり、輪廻転生を基盤としている仏教になると、その行為が原因となって、来世である結果をひき起こすということだろう。そうなると、この「業」という考えを成りたたせるためには、善悪という価値と、輪廻しながらの因果律を前提にしていなければならないことになる。

鈴木大拙《だいせつ》は、業について、つぎのようにいっている。「善行であれ悪行であれ、一旦行為を為したり、心に抱いたりしたなら、決してそれが水泡の如く消えるということはなく、場合に応じて潜在的な形をとり、あるいは活動形をとりながら精神および行為の世界に存続していく」（『大乗仏教概論』岩波文庫、一九八頁）。このような業と落語は、どう関係しているのだろうか。

そもそも業は、肯定したり否定したりするものではない。今の大拙先生の説明によれば、業というのは、われわれの輪廻における厳格な法則なのだから、悪いことをすれば、それは自らに正確に返ってくるし、いいことをすれば、かならずいいことがあるということなのだ。われわれには、どうすることもできない宇宙法則なのである。つまり、世界とは、そういう仕組みなのだ、ということだ。たとえば、万有引力の法則を、われわれが肯定したり、否定したりはできないのとまったく同じことである。

ところが、談志は、落語をこう定義する。「私にとって落語とは、〝人間の業〟を肯定しているというところにあります。〝人間の業〟の肯定とは、非常に抽象的ないい方ですが、具体的にいいますと、人間、本当に眠くなると、〝寝ちまうものなんだ〟といっているのです。分別のある大のおとなが若い娘に惚れ、メロメロになることもよくあるし、飲んではいけないと解っていながら酒を飲み、〝これだけはしてはいけない〟ということをやってしまうものが、人間なのであります」（『あなたも落語家になれる』三一書房、一七頁）。なるほど、よくわかる。でも、これは、「業」ではないだろう。

これは、人間の弱さであり、仏教的ないい方だと「他力《たりき》」的なあり方だといえるだろう。意志や理性ではどうにもならず、感情や欲望にふりまわされ、それを満たす快楽におぼれてしまうわれわれの「情けなさ」みたいなものだろう。たしかに、これを「人間の業」といえないことはないかもしれない。われわれはこの言葉についてそういう使い方もしている。でも、もともとの意味とは、ずいぶんちがう。なにせ、業とは、善悪を前提とした因果法則なのだから。まるっきり逆だといってもいい。

それに、この定義を、談志がいう意味で（「業」の本来の意味に目をつむって）認めたにしても、落語には、「柳田格之進」もあれば、「井戸の茶碗」もある（正確にいうと、この二つは、「人情噺」であるが）。これらは、意志や理性によって、一本筋の通った人物の話だ。自分の欲望に押し流されない人たちの話なのである。だから、談志のいう意味での「人間の業」を落語の定義だとするのは、かなり無理があるだろう（そんなこと、談志は百も承知だろうが……）。たとえば、「柳田格之進」は、こういう噺だ。

生来の正直さから浪人となってしまった柳田格之進は、たまたま碁会所で知り合った両替商の萬屋源兵衛と大変親しくなる。同じような心根の柳田と萬屋は、肝胆相照《かんたんあいて》らす仲となり、萬屋の家でいつも碁を打つようになる。ところが、八月十五日、月見の夜、離れで、二人だけで碁を打っているときに、番頭の徳兵衛が主人にもってきた五十両が紛失した。

つぎの日、源兵衛があずかり知らないうちに、番頭だけで、柳田の住んでいる長屋に行き、柳田に五十両のことを話す。疑われた柳田は、自害しようとするが、それに気づいた娘の絹が、吉原に身を売って五十両作るという。柳田は、その金を徳兵衛に渡し、その際、もし、なくなった五十両がでてきた場合には、徳兵衛とその主人の源兵衛の首を頂くと約束した。そして忽然と長屋からいなくなる。

それを聞いた主人の源兵衛は、番頭を厳しくしかり、柳田に本当にすまないと思い、謝るために、家のもの皆に柳田を探すように言い渡す。そのうち、年の暮れの大掃除の折に、離れの額のうしろからなくなっていた五十両が見つかる。年が明け、雪の降る日に、徳兵衛は、仕官かなって立派になった柳田格之進にたまたま出会う。徳兵衛は、紛失したお金が見つかったことを詫びる。翌日、柳田は、萬屋を久しぶりに訪れる。源兵衛は、自分が悪かったと首をさしだすが、徳兵衛も主人をかばい、自分だけを斬首してくれという。その二人のやりとりを見ていた柳田は、二人の首ではなく、碁盤を真っ二つに斬りさく。

この噺のなかで、柳田格之進は、武士の倫理を代表しているといえるだろう。どんなに落ちぶれても、人の金に手をだすようなことはしない。人としての矜持《きょうじ》を最も大切にしている。一方、萬屋源兵衛もまた、商人ではあるが、金銭至上主義とはほど遠い。他人の気持ちの襞《ひだ》までわかる苦労人だ。この二人を中心にして、この噺は成りたっている。この二人のあいだに挟まれて、番頭の徳兵衛が、自分の考えだけで柳田を疑い、余計なことをする。しかし、そのような徳兵衛でも、最後は主人を助けようと利他的な行為をする。

もし、談志的な意味で、「業の肯定」が落語の本質なのであれば、人を疑う徳兵衛のような人物が、主人公でなければならないだろうし、柳田も萬屋も、もっと金銭に対して貪欲でなければならないだろう。また、最後の主従の美しいやりとりは、場違いなはずだ。

この噺では、金銭欲や他人に対する猜疑心《さいぎしん》などではなく、俗事に恬淡《てんたん》とした二人の人物の関係が軸になっている。そして、格之進の娘の絹も重要な役どころだ。父のため、自ら苦界《くがい》に身を沈めてしまう。この三人が示す人間の崇高さも、落語の大きな特徴の一つであって、いわば、人間がもっている多面性、あるいは、さまざまな人間の多様性が、落語では描かれるのだ。もちろん、欲得にまみれた生き方も多くでてくるけれども、この噺のような凛《りん》とした生き方も、あるいは、短気で人の好い江戸っ子の気風《きっぷ》の良さも、落語の特徴だ。

そもそも、落語における「さげ」（落ち）の存在というのは、どういうものなのか。この噺でいえば、最後に囲碁盤が斬られるというのは、どのような意味なのだろうか。これは、今までの話を無化するためのものではないのか。「笑い」という現象もそうなのだが、「落ち」というのも、このわれわれが生きている場所に、一気に別の次元を導きいれるようなものではないのだろうか。

それに、この噺で「囲碁」は、何か特別の役割を果たしているように思われる。「文七《ぶんしち》元結《もっとい》」という噺でもそうだが、ある意味で囲碁は「悪役」として登場してくる。「柳田格之進」では、囲碁に熱中するあまり、源兵衛は、はばかりに行くときに額のうしろに五十両を置いたのを忘れた。「文七元結」の文七も、碁に執心し、大切な金子《きんす》（これもまた五十両だ）を忘れてしまう。いずれも、囲碁に心を奪われることが、物語の大切な発端をなしている。

囲碁は、偶然性の支配しない「完全情報ゲーム」であり、実力のあるものが、おおむね勝利する。どこにも逃げ場のないゲームだ。うがったいい方をすれば、「業」による因果に覆われたわれわれの世界のようなものだといえるだろう。今の状態（盤面の形勢）は、前世の行ない（「業」＝それまで打った手）によって決まっている、完全に隅々まで。この因果の連鎖は、未来永劫つづくだろう。何という息苦しい連続だろうか。

「柳田格之進」の最後で、格之進が、諸悪の根源としての囲碁盤を一刀両断にするとき、それはわれわれ人間のどうしようもない業の連鎖を断ち切っていると考えられないだろうか。偶然性への希望が、表現されているのではないか。「完全情報ゲーム」であれば、最初からある程度、結果は見えている。それとは異なる切り口こそ、私たちが望む世界ではないのか。

われわれは、「不条理」な世界を生きていく、どこまでも。意味のわからない状態で、延々と日々を暮らしている。そのような連鎖を断ち切ってくれるのが、「笑い」であり、「落ち」だといえないだろうか。わけのわからない一元的な世界（業による因果応報）に、「笑い」や「落ち」という別次元を卒然と導入してくれる。それが落語ではないのか。これは、談志のいう「業の肯定」とはまったく逆の「業の否定」ではないだろうか。

2

笑いの破壊力

非合理という故郷

——「堀の内」

神田に住んでいるあわて者は、杉並のお祖師様に向かったつもりが、両国に行ってしまう。線路を長い帯と見間違え、浅草の観音様に一日だけお祖師様になってくれと頼み、電信柱を人間だとおもいこむ。東京中走りまわって、でてきた自宅を通りすぎ、やっとお祖師様にたどりつく。がま口ごと賽銭箱に入れ、前払いをお願いする。しょうがないから、弁当を食べようとすると、女房の腰巻のなかから枕がでてくる始末。家に帰って、おかみさんを叱りつけると、それは隣の奥さんで、自分の家に帰って自分のかみさんに謝る。息子と湯屋にいき、他の子の服を脱がし、湯船では他人の尻をかく。息子の背中だと思って、必死になって湯屋の羽目板を洗ってしまう。

> 禁欲主義的理想は何を意味するか？　——芸術家にあっては、それはなんの意味ももたないか、あるいはあまりに多様な意味のものである。哲学者や学者にあっては、高い精神性の最も好都合な前提条件をみつけるための嗅覚か本能みたいなものである。僧侶たちにおいては、それこそ本当の僧侶的信仰であり、彼らの力の最上の武器であり、権力への「最高」の免許でもある。最後に聖者らにおいては、冬眠への口実、彼らの「最後ノ欲望トシテノ栄誉欲」、虚無（「神」）における彼らの休息、彼らの錯乱の形式である。しかし、およそ禁欲主義的理想が人間にとってこんなにたくさんの意味をもっていたということ、このことには人間の意志の根本的事実があらわれている。すなわち、その「空虚ニ対スル恐怖《ホロル・ヴァクイー》」が示されているのだ。人間の意志は目標を必要とする、——そして何も欲しないよりはむしろ無を欲する。——私の言うことがわかるか？……わかったか？……「さっぱりわかりません！　先生！」——では始めからやり直すことにしよう。
>
> （ニーチェ「道徳の系譜」『ニーチェ全集』第Ⅱ期第三巻、秋山英夫訳、白水社、一二一～一二二頁、一部訳文を変更した）

「笑い」とはいったいなんだろうか。今回は、このあたりをさぐってみたい。「笑い」にもいろいろあるだろう。哲学の世界でも、ショーペンハウアーがヘーゲルに難癖をつけるところとか、ソクラテスのうんざりするしつこさとか、ウィトゲンシュタインの含んだ笑いとか、笑えるところはいろいろある。弟子のマルコム夫婦とウィトゲンシュタインの三人で、散歩の途中、自転公転をへとへとになるまでやる「太陽系ごっこ」などは、秀逸だ。こんな遊びである。

ある晩、夕食後にウィトゲンシュタインと私たち夫婦はミッドサマー・コモンを散歩した。歩きながら私たちは天体の運行について話していた。すると、ウィトゲンシュタインが思いついて、われわれ三人がそれぞれ太陽・地球・月の立場になって、たがいの運行関係をやってみようといいだした。私の妻が太陽で、ずっと同じ歩調で草の上を歩く。私は地球で妻の周りを駆け足でまわる。ウィトゲンシュタインは、いちばんたいへんな月の役を引きうけて、妻の周りをまわる私の周りを走ってまわった。ウィトゲンシュタインは、この遊びに熱中し、走りながらわれわれに大声で指示をあたえた。そして、息が切れて目がまわりくたばってしまった。

（ノーマン・マルコム『ウィトゲンシュタイン　天才哲学者の思い出』板坂元訳平凡社ライブラリー、六五頁）

小説もいろいろある。ユーモア作家太宰治の「畜犬談」とか、ドストエフスキーの『永遠の夫』とか、内田百閒の「間抜けの実在に関する文献」とか、藤枝静男とか、清水義範とか、高橋源一郎とか目白押しだ。もちろん、他の分野にも日々の暮らしにも「笑い」は、無限にあるだろう。こまかい「笑い」の迷宮に入りこむわけにはいかないので、今回は、「緊張の緩和」と「破壊力」という特質に的を絞って考えてみたい。

かのカントは、笑いについて、つぎのように言っていた。

およそ激しい、身体をゆすぶるような哄笑《こうしょう》をひきおこすものには、何か理屈に合わないものが含まれているに違いない。（中略）笑いは、緊張した期待が突然無に転化することから生じる情緒である。

（『判断力批判』（上）篠田英雄訳、岩波文庫）

さすがになかなかいいところを突いている。「何か理屈に合わない」というのは、その通りだろう。ホリケンや鳥居みゆきの動きやいうことに感じる滅茶苦茶さは、笑いの源から湧出しているような気がする。何といっても、この世界の存在が、そもそもわけがわからないのだから、「理屈に合っている」ふりをしている日常をこなごなにするのは、まったく正しい。本来の場所（「非合理という故郷」）にわれわれを導いてくれるというわけだ。人間の根源的な感情「懐かしさ」が「笑い」とともにやってくる。

そして、「緊張から無への転化」という事態。これは、もちろん天才落語家・桂枝雀の「緊張の緩和」と同じだといっていいだろう。枝雀師匠は、こういう。

> すなわち「緊張の緩和」がすべての根本なんですわ。はじめグーッと息を詰めてパーッとはき出す。グーッが「緊張」でパーッが「緩和」です。「笑い」の元祖ちゅうことンなると、我々の祖先が大昔にマンモスと戦うてそれを仕留める。戦うてる時はエラ緊張でっさかい息を詰めてる。けど、マンモスがドターッと倒れたら息をワーッとはき出して、それが喜びの「笑い」になったんや……とねェ。
>
> （『らくごDE枝雀』ちくま文庫、五〇頁）

なるほど。その通りかもしれない。でも、たとえば、こういう場合はどうだろうか。イチローが高いフライを追いかけて、フェンス際でありえないようなジャンプをして捕球する。これは、明らかに「緊張の緩和」(「緊張から無への転化」)だが、笑いはおこらない。観衆は、感銘を受け拍手する。ベルクソンもいうように、「笑いは知ってのとおり、感動とは相容れない」(『笑い』)のだから。

ところが、ほかの野手が同じようにフライを追いかけ、失敗してボールを額に直撃させたら、どうだろうか。どっと笑いがおこるだろう。同じ「緊張から無への転化」なのに、どうしてファインプレーには感動し、派手なエラーには笑ってしまうのか。どうも、別の要因もかかわってくるのではないか。

あるいは雪の日、一人で歩いていて転倒しても決して笑えないのに、友人や家族と一緒だと、自分が転んだことを爆笑できる。これは、なぜなのか。さらに、しばしば経験することだが、退屈で死にそうな会議で、笑いがおこると部屋全体の空気が一変する。これはなぜなのだろうか。

二十世紀最大の哲学者が、一冊まるまる笑いについて論じた。さっきも引用したベルクソンの『笑い』だ。この本を手がかりに、〈枝雀=カント〉のいう「緊張の緩和」(緊張の無化）以外の笑いの条件も考えてみよう。まずは、ベルクソンの「笑い」の定義から。つぎのようなものだ。

生をこうして機械仕掛けの方向へ向けることが、ここでは笑いの本当の原因なのである。

（『笑い／不気味なもの』原章二訳、平凡社ライブラリー、三八頁）

ベルクソンは、私たちのあり方を有機的でしなやかな流れのようなものとしてとらえる。いつも持続し途切れることのない豊饒な生命こそが、われわれの真の姿なのだ。そのような「生命」が、それとは反対の機械的でぎこちない動きを見せるとき、われわれは笑ってしまうというわけだ。これが、フロイトも『機知』のなかでベルクソンに触れたときに指摘した「生の機械化」である。

しかし、これはたんに「生命対機械」という対立ではなく、いろいろなレベルであらわれるものだ。「生」と「機械」とのちがいがあればいい。たとえば、太った人がきちきちの服を着ていたら、その滑稽さに笑いがおこるだろう。これは、人間の生きいきと動く身体（「生」）に対して、それを覆う衣装があまりにも画一的なもの（「機械」）だからだ。

あるいは、さきほどの野球選手のエラーの例を考えてみよう。今度は、思い通りに動かない身体の方が「機械」で、その思い（「捕球したい」）が「生」になる。そもそもイチローのような名手によるファインプレーとは、思った通りに自在に身体を動かしたということだろう。この場合は、生は機械化などしていない。エラーはその逆だ。考えていることが身体に伝わらず、身体そのものの物質としてのぎこちなさが露呈したということになる。だから、ここにも「生の機械化」があるということになるだろう。

それでは、雪上の転倒はどうか。自分自身の身体（「機械」）を、精神（「生」）が笑う。それはそうだ。エラーと同じだといえる。だが、一人では笑えない。なぜなのか。自分自身の失敗を笑うとき、機械である身体をうまくコントロールできなかった精神と、それを笑う精神とが分離しなければならない。転倒という事態そのものから離れ、自分自身を他人のようにみなして笑わなければならないのだ。

そのとき、傍《そば》に他人がいてくれると、笑う方の精神が、その他人に支えられて、転んだ自らの身体を制御できなかった精神もろとも笑うということになるだろう。これが、「自虐」の構造だといえる。だから、失敗した自分を笑うためには、しくじった自分を「機械的なもの」として突き放し、それを外側から眺める複数の精神がなければならないことになる。ここにも、「生命対機械」の対立が、ちょっと複雑になってはいるが、垣間見えるだろう。

会議の笑いは、どうだろうか。自分たちがつくりだした機械的な状況（真面目な会議、真剣な議論などなど）を、笑うことによって破壊し、精神や生命がもっている本来の自由で無秩序な状態にするということだろう。このような笑いは、重々しい雰囲気を破壊し、一挙に別の可能性をもたらす。これは、（いずれ、じっくり考えたいが）落語のさげがもつ破壊力と同じものだ。枕から入って、じっくり「ダレ場」（真剣な議論）を聴かせ、最後に「落とす」（破壊＝別の可能性）。これが、落語の醍醐味だろう。

バタイユの強調する「笑い」の根底には、この破壊力がある。

> 個々のものがはっきり性格づけられてそれぞれに安定しており、また全般的な安定した秩序の内にあるような世界から、不意にわれわれの確信が覆されるような世界へ急激に移行すると、われわれは結局笑わされるのです。
>
> （『非知』西谷修訳、平凡社、六四頁）

ここでまた、「非合理という故郷」があらわれてきた。われわれの世界は、理屈では説明できない基盤の上にできあがっている。そのなかで、理屈の支配する社会を嫌々(?)創りあげている。そして「笑い」は、そんな社会が嘘っぱちであることを教えてくれるのだ。われわれの本当の故郷は、理屈じゃはかれないわけのわからないところだということを。これが、「笑い」の破壊力だ。

「緊張の緩和」と「生の機械化」との関係は、どうだろう。これは、同じ事態を、異なった観点から説明しているだけではないのか。「緊張し、緩和する」のは、われわれの心であり、「生きいきしていたり、機械のようであったりする」のは、その心がとらえる対象側の性質だからだ。つまり、「生が機械化」すると、こちら側は、「緊張」し、その「機械が生に戻る」と「緩和」がおこるというわけだ。だから、〈枝雀＝カント〉とベルクソンは、「笑い」について、ちがったことをいっているわけではなく、こちら側（主観）とあちら側（客観）とのちがいにすぎないのではないか。

今回は、屁理屈をいい過ぎて頭が痛くなった。頭痛を吹きとばすために古今亭志ん朝さんの神のような技術がいかんなく発揮される「堀の内」を見てみよう。これこそ、「笑い」の破壊力の恐ろしさ（素晴らしさ）を経験できる二十分弱である。この噺では、一切の「ダレ場」はなく、「緊張緩和」(枝雀さんのいうキンカン)が、つぎつぎと雪崩《なだれ》のように押しよせてくる。「緊張の緩和」ではなく、いわば「緩和の緊張」状態(カンキン=笑いっぱなし)が、つづくのだ。言葉で説明しても、しょうがない。日常の秩序や約束事が、とてもない「粗忽者《そこつ》」によって、根底から破壊され、ぐにゃぐにゃに変容される。

枕では、一緒に住んでる自分の親父を忘れる男、箒《ほうき》を傘だといいはり、びしょ濡れになり、壺の上下を自分の基準(下上)に無理にあてはめる頑固者がでてきて、早くも奇妙な世界が現出する。噺に入ると、杉並(お祖師様)を目指して両国に行ったり、おっかぁの腰巻に弁当の代わりに枕を入れて東京中駆けまわったり、電車の線路が帯になり、電信柱が人になる。観音様に一日だけお祖師様になってくれと頼んだり、賽銭を十日分前払いしてしまったりする。隣んちの奥さんを怒鳴りつけ、自分ちの奥さんに丁寧に謝罪する。息子の金坊に一年で八つ歳とれといってみたり、自分の頭をぶつけ、金坊の頭だと思いこむ。本当に無茶苦茶なのだ。

自他の区分がなくなり、ものと人間も融合し、方角も時間も、何もかも渾沌としてくる。「あっし、どこ行くんでしょうな?・」と見知らぬ人に問いかけ、教えてくれたら、「なんか教わったら、礼いいなさいよ」と逆にいう。湯屋にいくと、あがったばかりの他人の子の服を脱がそうとし、湯のなかでは、他人の尻をかいてしまう。本当に「てめえのことで精いっぱい」で「人間やめたくなっちゃう」のだ。しかし、この「粗忽者」の途方もない忘却やしくじりによって、世界は、つねに無化され、懐かしい「非合理という故郷」があらわれつづける。「笑い」のもつとてつもない破壊力によって、時空がゆがんだその宇宙に、こちらも巻きこまれていく。

最後は、平岡正明にきっちりしめてもらおう。

この男は狂的である。朝起きて、顔洗って、弁当持って、家を出るという日常茶飯事がうまくやれないのだ。落語は日常性にひそむ狂気を描く芸能ではなく、革命とか階級闘争という大きな社会的なテーマなしに、したがって時空は江戸の平和の中にあるのだが、そのおだやかな日常性が狂っている男を出すことに成功した。女房をまちがえる。こどもをまちがえる。ついに自分と他人の区別がつかない。歩けばまちがえ、しゃがめばまちがえ、とまればまちがえ、眠ればたぶん夢もまちがえて見る。

(『大落語』(上)、法政大学出版局、一五一頁)

この破壊力が、業の否定にもつながっている。

3

この世は夢ではないのか（1）

多世界解釈と可能世界

「芝浜」

酒に溺れ、得意先をしくじってしまった魚屋が、久しぶりに仕事にいく。早く家をでてきたので、芝の浜でうとうとしていると、大金の入った財布を拾う。息せき切って家に帰って、かみさんに財布を見せる。五十両入っていた。おかみさんは心配になって、酒を呑ませ旦那を無理やり眠らせる。大金を手にしたと思った魚屋は、町内のものを呼び、飲み食いして散財してしまう。かみさんは、拾ってきた財布を隠し、旦那に夢だと思いこませる。散財を責められた魚屋は、心を入れ替え三年間懸命になって働く。三年目の大晦日、おかみさんが財布のことを旦那に打ち明ける。魚屋は怒るどころか、おかみさんに感謝し、すすめられた酒を呑もうとするが……

偶然とは、何だろうか。新宿で十年ぶりに友人と「たまたま」出会った。このときの「たまたま」が偶然だ。その友人と約束したわけではないのだから、会うことは予測できない。しかし、私が新宿に行ったのは、それなりの理由がある。西口にあるカルチャーセンターで講義をするためだった。一方、友人も、千駄ヶ谷の自分の事務所に行くために新宿を通った。私と友人は、それぞれ異なった目的があって新宿に来たのだ。つまり、二つのまったくちがう因果連鎖が、「たまたま」新宿で交叉したことになる。二人の必然的な流れが、「偶然」出会ったということだ。

このように考えれば、われわれが「偶然」だと思っているものは、実は、「必然」の流れで説明できる。必然の交叉が、偶然だというわけだ。そこには、本質的な「偶然」はない、と九鬼周造はいう。しかし、そのようなさまざまな因果連鎖の舞台であるこの世界そのものは、必然でできているわけではない。必然的連鎖の根本には、逃れることのできない偶然がある。それが、「離接的偶然」だ（「離接」というのは、論理学の「選言」のことで、「または」で結びつけられる選択肢のことである）。

他でもない、この世界があるということ。このことは、原始の偶然なのだ。あの世界（離接肢A）でも、その世界（離接肢B）でもない、どのほかの世界（離接肢C、D、E

……）でもない、「この世界」（離接肢R）が、ここに現出しているということ。これが、離接的偶然である。

私が机（タンポポ、水素原子、クワガタなど）である可能世界や、私が女性である可能世界、あるいは、私がどこにもいない可能世界も考えられるだろう。だが「この世界」は、（残念ながら？）私が人間の男として存在し、他のもろもろの世界の構成要素も、今われわれがまさに経験しているようになっている。これは、まったく「たまたま」そうなったことだ。これが、離接的偶然である。

一九五七年に、プリンストン大学の大学院生ヒュー・エヴェレット三世が、量子力学にかんする斬新な論文を発表した。「量子力学の多世界解釈」というタイトルだった。われわれの世界を構成しているさまざまな要素は、量子力学では、確率波として記述される。光子でも、ニュートリノでも、クォークでも、この世界の構成要素は、はっきりと粒子として特定できない。この不可思議で曖昧な事態を、それまでの物理学者は、つぎのように解決した。

——量子力学のよりどころとなる確率波を、私たちは見ることができるのか？　確率波とは、確率のもやであり、そのなかでは一つの粒子がさまざまな場所で見つかる可能性がある。このような見慣れない確率のもやに、直接アクセスする方法はあるのだろうか？　答はノーだ。ボーアとそのグループによって開発され、彼らに敬意を表してコ、ペ、ン、ハ、ー、ゲ、ン、解、釈、と呼ばれる量子力学の標準アプローチは、確率波を見ようとすると必ず、観測の行為そのものがその試みを妨害すると考えている。あなたが電子の確率波を見る――「見る」は「位置を測定する」という意味だ――と、電子はパッと動きを止めて、一つの確定した場所にまとまるという反応を示す。それに応じて、確率波はその場所で百パーセントまで高まり、他の場所では収縮して〇パーセントになる。

（『隠れていた宇宙』（下）、ブライアン・グリーン、竹内監修、大田訳、ハヤカワ文庫NF、七一～七二頁、訳語一部変更）

これが、コペンハーゲン解釈による「波の収縮」である。世界を成りたたせている素粒子は、確率波としてもやのような状態であり、位置をはっきり特定できない。ところが、それをわれわれが観測すると、もやは、たちどころに消え、一つひとつの粒子の位置がわかるというわけだ。映画『トイ・ストーリー』で、ウッディやバズやポテトヘッドが、自由に動き回っているときに、人間のアンディが部屋に入ってくると、突然、全員が動かなくなるように。そんな変なことがはたしておきているのだろうか。この解釈には、アインシュタインもかみついた。

> それにしても、このやり方は、不格好なだけでなく、恣意的で、数学的根拠に欠け、明確でさえない。たとえば、「見る」や「測定する」が正確に定義されていない。人間が関与しなくてはならないのか？　それとも、アインシュタインがかつて問いかけたように、ネズミが横目で見るだけで十分なのか？　コンピューターによる探査や、バクテリアやウイルスにつつかれるのはどうだろう？　このような「測定」も確率波の収縮を引き起こすのか？
>
> （同書、七五頁）

そこで、エヴェレットはこう考えた。アンディが見ていなければ、ウッディやバズやポテトヘッドは、特定の場所にはいない。つねに動き回って波のように存在している。ところが、アンディがドアを開けると、動きをやめ、それぞれ輪郭のはっきりしたおもちゃになり、決まった位置に倒れる。しかし、実はその時、動き回っていたおもちゃたちが、波として存在していた領域のここかしこに応じて、世界全体が分岐していく。ウッディがこの位置に倒れた「この世界」は、アンディαの世界であり、別の位置に倒れた世界は、アンディβの世界であり、また別の位置に倒れた世界は……ということになる。波は、収縮するのではなく、そう見えるだけであり、波の確率に応じて別々の世界に分かれていくだけなのだ。ミクロの世界でおきていること（確率論的状況）が、そのままマクロでもおきている世界（多世界への分岐）。これが、「多世界解釈」だ。

したがって、ボーアが一つの測定結果以外は恣意的判断で議論から外したのに対して、多世界アプローチとデコヒーレンス（波が干渉せず混ざり合うこと）を合わせて考えると、それぞれの宇宙ではほかの結果が消えたように見えるということになる。つまり各宇宙のなかでは、確率波が収縮したかのように見えるのだ。しかしコペンハーゲンアプローチと比べると、「かのよう」は実在《リアリティ》の広がりをまったく別なふうに描き出す。多世界アプローチから見ると、結果は一つだけでなく、すべて実現するのだ。

（同書、一〇八～一〇九頁）

「芝浜」という噺がある。こんな噺だ。

魚熊（あるいは魚勝）は、いい魚屋だった。だが、酒におぼれて、しくじりがつづいた。年の暮れ、かみさんにせきたてられ、魚を買いに河岸《かし》に行ったが、一時《いっとき》（約二時間）ほど早くかみさんに起こされたものだから、近くの芝浜に行く。そこで、一服しているときに、足元の財布に気づく。大金が入っていたので驚いた魚熊は、急いで長屋に帰り、かみさんにその財布を見せ、これから遊んで暮らせると喜ぶ。かみさんは、酒を呑ませ寝かせるが、しばらくして起き、湯屋に行き、近所の知り合いを呼び酒盛りをする。

翌日、二日酔いの熊は、かみさんに昨日の酒宴の支払をどうするのか、きつくいわれる。芝浜で拾った金があるじゃないかという熊に対して、あれは夢だったんだよとかみさんはいいくるめる。熊も、夢だったんだと諦め、深く反省し、つぎの日から酒をきっぱりと断《た》って真面目に働き始めた。

三年後の大晦日、立派な魚屋になった熊に、おかみさんは三年前のことを告白する。例の財布を見せ、あの時の事情を話す。もし、あのままあの大金を使いこんで、噂にでもなれば、お上に捕まり、打ち首になっていたかもしれない。だから、あの時、あんたをだまして財布はお上に届けたんだという。落とし主が現れず、こうして財布は下げ渡された。本当に、あの時はすまなかった、と。

熊は、最初は驚いたが、おかみさんを許し心から感謝する。おかみさんは、これまでの旦那の頑張りをねぎらい、久しぶりにお酒を勧める。

「呑んだらどう？　お呑みよ」

大層喜び、呑むつもりで杯を口に運び、じっと酒を見つめていたが、「やっぱりよすよ。また夢になるといけねえ」

この噺は、コペンハーゲン解釈ではなく、多世界解釈によって、さらに深みを増す。あるいは、この噺の背景には、多くの離接肢（可能世界）が隠れていて、芝浜という噺の内容が、現実になった離接的偶然として屹立《きつりつ》しているともいえるだろう。

まず、魚熊が、酒は好きでもそれにおぼれず、一生、真面目にせっせと働く世界もあった。「甲府い」の善吉や、ちょっと遊び人だが「百年目」の番頭さんのように、勤め上げることもできたはずだ。もしそうであれば、生涯淡々と少しの問題もおこらず、この素晴らしいおかみさんと暮らしていけた。

だから、最初の分岐のきっかけは、酒だ。酒を呑みつづけ、仕事がおろそかになり、最後は仕事にもいかなくなる。さらに、芝浜で財布を拾うことなく、あるいは、そもそもかみさんに起こされても、魚河岸に向かうことなく酒を呑みつづけていれば、そのままもっと貧乏になり、身体も衰弱し夫婦仲も悪くなり（もしかしたら、別れて）、悲惨な最期を迎えるかもしれない。これも一つの可能世界だ。

つぎの分岐は、芝浜で拾った財布だ。この財布を拾い、しかし、この噺のようにはならない場合もあるだろう。かみさんのいうことを聞かず、いいくるめられなかったら、おそらくあっという間に大金を使い果たすだろう。その結果、おかみさんのいうように噂が立ち、お上に知られ、島流しや死刑ということになるかもしれない。

そして、三年後の大晦日、真面目に働きつづけ、財布のなかの大金も手に入れた。おかみさんから「呑みなよ」と好きだった酒を勧められる。ためらうことなく、ぐっと一気に呑む。そこから、酒に呑まれる日々がふたたびやってくるかもしれない。そして、大金がある。やっと身についた堅実な日常が崩れていく。今度は、もう二度と元に戻れない。これもまた一つの可能世界だ。

この噺は、今挙げたいくつもの可能世界に支えられている。お酒という、人間とは切っても切り離せない〈もの〉、お金（財布）という、これまたとても魅力的な〈もの〉、これらが、多世界解釈における分岐をうながす重要な契機になっている。つねに世界は、いろいろな〈もの〉をきっかけにして分岐しつづけているのだ。

芝浜の何ともいえない深みは、このような多世界解釈から明らかになるだろう。この噺には、さまざまな可能世界がたたみこまれているために、どうしてものめり込んでしまう。無意識を刺激するのだ。いろいろな解釈を許容するし、そこから、思いもよらない離接肢への道が垣間見える。こうした多層な背景が、この噺を幾重にも面白くしているのだと思う。

また、この噺では、人間の酒に対する惑溺《わくでき》や金銭欲に対して、その背景として、静かに海が存在しているのではないか。それは、時間によって急激に変化する〈なまもの〉の魚がいる、芝浜という海だ。志ん朝さんの芝浜では、熊が、酒を呑んで商いしているときに、客に魚が生臭いといわれるところがある。魚は、時間にやられる。すぐにだめになるものだ。このことと、酒をやめて三年間実直に働く熊との対比が見事だ。魚の時間と熊の三年間とのコントラストが、この噺の底に流れている。すぐに腐敗していく魚をそうならないように大切にしていく日々を三年の長い間積み重ねるということ。時間の長短が、実に効いている。

そして、芝浜という海の存在。三代目の桂三木助の名演では、美しい芝浜の様子が、見事に活写されている。もしかしたら、この噺であの演出が必要なのは、おかみさんの存在があるからかもしれない。三好達治の詩「郷愁」にあるように、海のなかには母があり、(フランス語では)母(mère)のなかに海(mer)があるのだ。最後の大晦日のシーン、小三治の芝浜では、三年前のことを告白したかみさんに対して魚勝(小三治では、魚熊ではなく、勝五郎)は、「お前のことを、もうおっかぁだと思わねぇ。親だと思うぜ」という。まさに、芝浜とおかみさん(「母親」になった「おっかぁ」)が、見事に対応する。海と母が重なっている。

本当は、さらに、芝浜の「落ち」から、デカルトの夢の話をするはずだった。次回につづく。

4

この世は夢ではないのか（2）

眠りと海と酒

「鼠穴」「芝浜」

田舎で遺産分けをした兄の方は、江戸にて商売で大きく成功する。ところが弟は、遺産を使い果たしてしまう。弟は、兄のところにいき、助けを求めるが、兄は弟に三文しか渡さない。弟は腹を立てたが、それから十年、いろんな仕事をして大きな店をもつまでになる。風の強い日、蔵の鼠穴をふさぐように家の者にいって、弟は兄のところに借りた金を返しに行く。帰ろうとする弟に兄は、もし、お前の家が火事にでもなったら、自分の身代を譲るからとまでいって強くひきとめる。弟は、兄の家で酒を呑んで寝てしまう。ところがその夜、弟の家が火事で燃えてしまう。蔵はすべて焼け、一文無しになった弟は、兄のところに、金の無心にいくが……（「鼠穴」）

いま私は、たしかに目覚めた目でこの紙を見ている。私が動かしているこの頭は眠っていない。この手を故意に、意識して伸ばし、感覚している。これほど判明なことは眠っている人には起こらないだろう。だがそれは、私が別のときに、眠りのなかで、やはり同じような考えによってだまされたことがないとでも言わんばかりである。このことを注意深く考えてみるに、目覚めと眠りとを区別することができる確かな標識がまったくないことを私は明確に見てとって驚くあまり、この驚き自体が、私は眠っているのかもしれないという意見をほとんど私に確信させるほどである。それでは、われわれは夢を見ているとしよう。かの個別的なもの、つまり、われわれが目を開くこと、頭を動かすこと、手を伸ばすことは、真ではないとしよう。また、われわれがそうした手をもつこと、そうした身体全体をもつことさえも、おそらく真ではないのかもしれないとしよう。

（ルネ・デカルト『省察』山田弘明訳、ちくま学芸文庫、三六～三七頁）

デカルトは、あらゆるものを徹底して疑った。眼も耳も嗅覚も触覚も何もかも。そしてついに、この世そのものをまるごと疑う。この現実は、夢ではないのかと疑ったのだ。たしかにリアルな夢はある。夢のなかで、何度か行ったことのある古い駅。いつも迷いこむ薄暗い路地。不思議な質問をしてくる黒服を着た上背のある老人。あっ、またここに来た、また、この人に会ったと懐かしく思う。本当に、これらの街や人は、どこかに存在しているかのようだ。夢には夢の「現実」がある。

落語にも、恐ろしくはっきりした夢を、まざまざと見る噺がある。たとえば、「鼠穴」や「夢金《ゆめきん》」。六代目三遊亭円生の名演がたっぷり楽しめる「鼠穴」は、こういう噺だ。

竹次郎と兄は、いなかの父親が亡くなった時、遺産分けをした。兄は江戸にでて、そのお金を元手に商売で大きな成功をおさめる。ところが弟は、遊びで遺産を使い果たす。困った竹次郎は、江戸の兄のところに行き、働かせてくれという。兄は、商売をしろと金を渡す。ところが、それはたったの三文だった。竹次郎は、いったん腹を立てたが、それから十年辛抱していろんな仕事をして、蔵の三つもある大きな店をもつようになる。

風の強い日に、蔵の鼠穴をふさぐように番頭にいって、借りた金を返しに、兄のところに行く。久しぶりに会った二人は、酒を呑み、兄は泊っていけと強く勧める。火事が心配だった竹次郎は帰るというが、兄が、「もし火事になったら、全財産をお前にやる」というので仕方なく泊った。

夜中、半鐘の音で起こされた兄は、竹次郎を起こし、お前の店のあるところが火事だという。慌てて帰るが、蔵は三つとも燃えてしまう。また商売を始めるが、うまくいかない。奉公人も一人二人と去っていき、親子三人になってしまった。どうしようもないので、娘と二人で、兄のところに金の無心に行く。

しかし兄は、前言を翻して、二両しか貸さないなどという。喧嘩になって兄の家をでた竹次郎に、八歳の娘が、私を吉原に売って、二十両作ってくれという。泣くなく娘のいう通りにして、大門をでたところで掏摸《スリ》に遭う。もうだめだと絶望して、首をくくったら……とそのとき、兄貴にたたき起こされる。

蔵の鼠穴を気にしすぎて夢を見たといったら、兄が、「夢は、五臓（土蔵）の疲れだ」

このような夢落ちの噺は、かならず目覚めて現実に戻って終わりになる。竹次郎は、兄によって目を覚まされ、長い苦しい夢を見たことを初めてさとるのだ。もし、覚めなければ、そのまま首をつって死んでしまっただろう。ずっと現実だったということになるのだから、それはそれで、一つの悲惨な人情噺として完結している。

夢は、目覚めなければ、夢にはならない。たしかに、夢のなかで、「これは夢じゃないのか」と思うこともある。ただ、そう思っていても、その夢がいつまでたっても覚めなければ、それは夢じゃない。現実だ。夢から覚めて、「あっ、今のは夢だったんだ」と、過去形で語る（思う）ことによって、夢は初めて夢になる。どんな夢でも、かならず過去形であらわれるのだ。

たしかに夢は、「夢だけの世界」では、夢にもならない。かならず「現《うつつ》」と対《つい》になっていなければ、夢とはいえない。「夢」と「現」（覚醒）の二項対立があるからこそ、夢は成りたつ。夢だけの世界は、そのまま、ただの現実だといえるだろう。そもそも「現実↕夢」の対立がないところに、この二つの概念は必要ないのだから。

それなのにデカルトは、この世は夢ではないのかと疑う。たしかに、この世界の内部には夢はある。しかしその夢は、目覚めている状態を背景にして、その一部として存在しているものだ。朝、目覚めて「夢だった」と初めてわかるのだから。だから、もしこの世界全部が夢だったら、「この世＝夢」をつつみこむ、さらに広範囲の「現実」がなければならないだろう。

つまり、「ここ」がマトリックスだったら、この世界がマトリックスであることをネオにはっきり悟らせる、モーフィアスの母船という「現実」がなければならない。なにしろ、マトリックスのなかで、われわれは、何の不自由もなく楽しく暮らしているのだから。このように考えれば、デカルトの夢の懐疑は、成功しているとはいえないだろう。

だが、はたしてそうだろうか。われわれが死んだとき、この世界が夢だったと気づくことはないだろうか。あるいは、死なないまでも、この現実がマトリックスである可能性は、いくらでも想定できるだろう。われわれは、「覚醒－夢」という対立を、実際よく知っているのだから、この対立がわれわれの世界全体にもあてはまる可能性は、決して否定できない。デカルトの夢の懐疑が成功しているかどうかは、この可能性をどう解釈するかによるだろう。

さて、前回の「芝浜」に戻ろう。芝浜には、本当の夢は一度もでてこない。だが、夢がとても大切な要素になっている。あるいは、眠りに支配された噺だといえるかもしれない。前回は触れなかったが、この噺のなかで、魚熊は、三度おかみさんに起こされる。最初は、二十日間、仕事を休んだ（眠っていた）後、今日から仕事に行く（覚醒する）という日だ。仕事をしない楽な日々から、無理やり現実に引き戻される。

この最初の目覚めには、働く日常と仕事をサボった（夢のような）日々との対立があるといえるだろう。二十日間の眠りから、やっと目覚めたというわけだ。しかし、熊は、芝浜に行っても眠くなる。あまりに眠いので、浜の水で顔を洗う。一方、おかみさんも、朝が早かったせいで、火鉢にもたれて眠ってしまう。

この二人は、眠りにとりつかれているかのようだ。熊は、芝浜から急いで帰ってきて、眠っていた女房をたたき起こす。このとき、おかみさんは、どんな夢を見ていたのだろうか。不思議なことに、このとき、おかみさんも眠っていた。熊は、財布を見せ、二人で二分金五十両を確認する。

そして熊は、おかみさんにお酒を勧められて、ふたたび眠ってしまう。つぎに起こされたときは、そのまま湯屋へ行く。帰り途、友達を大勢連れてきて酒盛りが始まる。また酔いつぶれて寝てしまう。最後にその日の夜に起こされる。まわりは、真っ暗だ。

この一日で、熊は、何と三度起こされ、おかみさんも熊に一度起こされるのだ。眠りに眠った一日だといえるだろう。だからこそ、この日は、二人のあいだで、夢と現の境目が消えかけていた。どこまでが現実で、どこからが夢なのかわからなくなる条件は、充分そろっていたのである。

そして、この熊の眠りには、酒が深くかかわっている。酒浸りの二十日間からの目覚め

（一回目）、前日の残りを迎え酒して眠った後の目覚め（二回目）、大勢での酒宴後の眠りからの目覚め（三回目）、いずれも酒と眠りが分離できないくらい結びついている。芝浜で財布を拾った日は、前後不覚の眠りと酒による酔いが密接に絡んだ「酔生夢死」な一日だったのだ。

さらにその背景には、やはり、芝浜の海がじっと横たわっている。眠りと海との類縁性は、疑いえないだろう。陸地が覚醒（昼）で、海が眠り（夜）というわけだ。この噺が眠りに支配されているということは、海にも支配されているということになる。

眠りに支配されざるをえなくなったのは、芝の浜から財布が陸に上がったからである。海（睡眠）からの贈り物によって、この噺は始まったのだ。おそらく、この財布は、一度は、深海に沈んでいたのだろう。それが浅瀬に打ちあげられた。深い眠りから目覚めたかのように。

五十両は、眠りの底から「現」の世界へとやってきた。そして、おかみさんによってこの財布は三年間、もう一度、夢（眠り）のなかへ戻される。「眠り＝海」にしまいこまれる。現実の世界にふたたび現れた財布は、「夢になるといけない」から、酒を呑まなかった熊によって、たしかなものとして存在しつづけるだろう。熊が二度と酒に手をださなければの話だが。

このように考えると、この噺は、眠りと海と酒によってできあがっているといっても過言ではない。あるいは、海水とアルコールを背景に、液体的な眠りから身を引きはがし、無理やり目覚める人間の物語（ビルドゥングスロマン）といってもいいかもしれない。

角度を変えてみよう。デカルトの徹底的な懐疑は、「われ思う」にたどり着く。「われ思う、ゆえにわれあり」というわけだ。感覚もこの現実も不確実なものだけれども、「われ思う」という事態だけは、疑うことができない。最も確実な基盤だという。しかし、これは少しおかしくはないか。

「この世は夢ではないのか」と、生きている世界全体を疑ったのだから、「われ思う」も疑えるのではないだろうか。つまり、こういうことだ。この世の中に、「目覚めと夢」という対立があるから、その対立を、「あの世（さらなる覚醒）とこの世（実は夢）」という一段高い次元に移行することによって、デカルトは、疑いを成立させた。

われわれは、どうにもならないくらい確実な自分が、この世界の中心にあって、その「世界＝自分」のなかに、ほかの人たちが登場している。映画を映すスクリーンが、「われ」であり、そのスクリーンのなかに、他のさまざまな人たちが現れ、活動しているというわけだ。

　そして、いつまでたっても、「私」は「私」のままであり、決して他人になることはできない、不思議なことに。「私」という背景があって、そのなかに「他人」が、その一部としてうごめいている。

　これは、覚醒と夢の関係と同じではないのか。覚醒という背景があるからこそ、夢もまた成立した。夢から覚めることによって、夢が夢になった。それと同じように、自分（「私」）がいるからこそ、他人もいる。自分が自分であることを日々たしかめることによって、多くの他人も、他人として、こちら側に顔を向けている。

　もし「私」が、いつのまにか、他人の「私」になって暮らしつづけることになったら、それは、もう他人ではなく、「私」ではないのか。もし、「この世は夢ではないのか」と疑うのなら、「われ思う」も「実は、〈われ〉以外のものが、思っているのではないのか」と疑えるのではないだろうか。なにしろ、「この世」という現実だけしかないというのは、「われ」以外は、存在しないというのと構造としては同じだからだ。

　そうすると、夢ではないのかという疑いが可能であるためには、さらなる覚醒が必要だったように、「われ思う」についての疑いが可能になるためには、さらなる「われ」が必要になってくるだろう。それは、どういう事態だろうか。「われ」が二つ必要になってくるのだろうか。いやいや、それはいくらなんでも……。

次回、「粗忽長屋」をめぐって、このことについて考えてみたい。

5

「私」とはなにか（1）

私と世界

「粗忽長屋」

「行き倒れ」というので、よく見ると、長屋の隣に住んでいる熊五郎だった。八五郎がそういうと、集まっていた周りの連中は、身元がわかったといって喜んだ。すると、八五郎は、今朝も会ったから熊をここに連れてくると不思議なことをいう。本人を連れてきて、この「行き倒れ」が熊本人に間違いないことをたしかめるという。周りの人たちは驚いたが、八五郎は、長屋に戻って、なんと熊五郎を本当に連れてきてしまった。自分の死体を見た熊五郎は、どっちが自分だかわからなくなって……

いくつかの基本的な話をしてみよう。まず「同じ」ということ。「同じ」にはいろいろないい方がある。たとえば、「あの人と、同じ服をもっている」「昨日も、同じバスに乗った」「あなたって、いつも同じ人を好きになるのね」「あの人は、小学校の時からちっとも変わらない。ずっと同じだ」などなど。

こうして、いくつか例をあげてみると、「同じ」は、いつも「完全に同じ」ものを意味しているわけではないことがわかる。最初の例でいえば、「同じ服」といっても、「同じ」なわけではない。「ちがう」服だけど、「同じ」ブランドの「同じ」色の「同じ」かたちの服ということだろう。

「バス」だってそうだ。「同じ」バスに乗ったわけではない。もちろん「ちがう」バスだし、もしかしたら、運転手も「ちがう」人かもしれない。でも、発車時刻は「同じ」だということだ。この場合は、時刻表だけが、「同じ」の基準になっている。毎日「同じ」時刻に、「ちがう」バスが発車するのだから。

「同じ人を好きになる」という三番目の例も、「同じ」だろう。「あなた」は、いつもまったく「同じ」人を好きになるわけではない。そういう人もいるかもしれないけれども、その場合は、「いつも同じ人を好きになる」などというもってまわったいい方はしない。だから常識的に考えて、これは、「同じような」人という意味だろう。「同じような」性格か、「同じような」容貌の人なのかはわからないけれども。この例は、「似ている」といういい方にすると、意味が鮮明になる。

ところが、最後の例は、これまでとは少し「異なる」のではないか。この例の「同じ」を支えているのは、なんだろうか。もちろん、これも「完全に同じ」という意味ではないだろう。この発言がなされたのが、たとえば、「あの人」が三十歳の時だとすれば、三十歳になっても、小学生の時と「まったく同じ」ということは、通常は考えられない。「身長・体重」も、「性格」も、「髪の毛の本数」も何もかも、小学生の時のままというのは、現実的ではない。というよりもありえないだろう。

しかしだからといって、「ちがう」けれども、色もかたちも何もかも「同じ」服といった意味でもない。また、「ちがう」けれども、「同じ」時刻に発車するバスという意味で「同じ」というのとも異なる。もちろん、一人の「同じ」人間の小学生時代と、三十歳の時が「似ている」などといういい方は絶対しない。だって、そもそも「同じ」人間なのだから、とても変ないい方になる。

すると、最後の例だけが、他の例とは異なり、「同じ」といういい方が、ちょっと複雑に使われているということになる。どういう使い方なのだろうか。たとえば、「A＝B」というとき、AとBは明らかに異なるけれども、実は「同じ」だという意味だろう。たとえば、「宵の明星＝明けの明星」のようなものだ。それでは「A＝A」は、どうだろうか。これは、「金星＝金星」という例があてはまる。しかし、もしそのことをいうのであれば、「金星」だけでいいではないか。つまり「A」だけでいいではないか。

つまり、あえて、「A＝A」というためには、最初のAと二番目のAは、異なっていなければならない。事実、「A＝A」と書く時、紙の上で二つの文字が位置する場所が異なっている。やはり、まったく「同じ」とはいいがたい。だから、「A＝A」というのは、実は、「A＝B」の裏面にある式だといえなくもない。

つまり、「宵の明星といわれているものは、実は、明けの明星と同じなんだよ。だって、二つとも金星なんだから」といっているのと同じなのではないか。「A＝B」だと思っているけれども、本当は「A＝A」なんだよ、というわけだ。

それに対して、「A」は、どうだろうか。それは、やはり「完全に同じ」ということになるだろう。それそのものが、そこにある（だけ）ということなのだから。異なったものは、どこにもない。「自己同一」そのものが、そこにある。

しかし、これはとても奇妙なことである。なぜなら、もし「A」が「完全に同じ」ということを表すというのであれば、「同じ」ということさえいえなくなる。だって、「同じ」というためには、二つの要素があって初めて、その二つが「同じ」といえるのであって、〈一つのものそのもの〉が、「同じ」などという必要はまったくないからだ。「同じ」というための条件がなくなる。

そうなると、〈一つのものそのもの〉というのは、「同じ」以前ということになるのではないか。「同じ」という確認すらできない、それ以前の〈何ものか〉ということになるだろう。ようするに、「同じ」ともいえない〈そのもの〉ということだ。すると、「同じ」とは、真の「同じ」(〈一つのものそのもの〉)にかぎりなく近接しているが、決してそこにはたどり着かないものということだ。「金星」そのものは、まぎれもなく「同じそのもの」だけれども、しかしそれは、「同じ」とはいわない、ということになる。

さて、このように考えると、一人の人間が「同じ」であるとは、いったいどういうことになるのだろうか。まずは、いちばんわかりやすい「身体が同じ」というのは、どうだろう。しかし、何年かたてば身体中の細胞はすべて入れ替わるし、何十年かたてば、身体は成長し、あるいは、徐々に衰弱する。これでは、どう考えても「同じ」の根拠にはならない。

DNAが「同じ」の根拠なのだろうか。だが、一卵性の双子もいるし、DNAの損傷もあるだろう。たしかに、「同じ」の根拠として現在最も有力だが、決定的だとは、まだいえないのではないか。あるいは、デレク・パーフィットの思考実験みたいに、一人の大脳を二分割して、それぞれ双子に移植すれば、「同じ」人間になるといった概念自体が、どうでもよくなるかもしれない。何が「同じ」なのか、まったくわからなくなるからだ。

それでは、心や精神が「同じ」というのは、どうだろうか。これも、基本的なことを確認してみよう。「心」や「精神」といったものを、われわれが考えることができるためには、ある程度の時間の幅が必要だ。もし、時間の幅がないならば、何かを思い浮かべたり、思考を持続したりできないからだ。そうすると、そもそも「心」も「精神」も存在しなくなる。まったくの無だ。

そして、この時間の幅と「心」「精神」との関係を成りたたせるのは、「記憶」である。つまり、「記憶」がなければ、時間が経過する（ことを意識する）ことはなく、何も頭のなかに登場しないことになる。極端ないい方をすれば、世界は現れない。そして、この「記憶」によって、「同じ」私は、「同じ」ことをたしかめられるというわけだ。小学校の頃の記憶があるからこそ、その小学生が今の自分自身であることを確認できる。記憶が蓄積されているということが、「同じ自分」を保証してくれるだろう。

しかし、この「記憶」は、まったく信用できない。私などは、昨日のことさえはっきり覚えていないし、ずいぶん前のことなどは、自分の都合に合わせて、記憶を書きかえてさえいる。あるいは、書きかえていることさえ自覚していない。いや、もっと身近なことでいえば、毎晩、われわれは睡眠をとるだろう。この状態は、記憶に残っていない。睡眠だけではない。人によっては、深酒をすれば記憶はとぶ。これは、誰でも（とまではいえないけれども）経験することだ。「記憶」が曖昧で、信用できないことは、以上のことで明らかである。

そうなると、身体的にも精神的にも、人の「同一性」をたしかなものにする基準は、どこにもなさそうだ。はたして、私は、生まれてからずっと「同じ」私だったのだろうか。今度は、その「私」について考えてみよう。最初に、「私」は一人しかいないことを確認したい。

いやいや、その前に、「私」が二人でてくる噺を紹介しよう。それがいい、何といっても、難しい話がぐだぐだと長すぎた。「粗忽長屋」の一席だ。

朝、八五郎が、浅草の観音さまの境内をぬけると人がえらく群れていた。「行き倒れ」だといっている。八五郎は、「行き倒れ」が何だかわからず、たくさんいる人の下からくぐって一番前にでてみた。そこにいた人が、身元不明の「行き倒れ」を見せると、八五郎は、「「生き倒れ」だと思ったら、「死に倒れ」じゃないか」などという。

ところが、その顔をじっと見ると長屋の隣に住んでる熊五郎だった。八公によれば、熊五郎には、家族も親戚もいないという。「行き倒れ」の身元がわかって良かったと、そこにいた人は安心した。ところが、八五郎によると、熊は、今朝も長屋にいたという。

当人が来るのが、いちばんいいからといって、熊五郎をここに連れてくるという。相手は困って、昨晩からここに倒れていたんだから、それは人違いだというが、八五郎は納得しない。当人を連れてくれば、いちばんはっきりするからといって、長屋へ飛んで帰る。

八公は、急いで、熊五郎に「行き倒れ」の一件を話すと、熊も、昨夜、吉原から酔っ払っての帰り道、浅草寺の境内をぬけた後の記憶がないという。八五郎は、それがお前が死んだ証拠だといって、これから熊五郎自身の死体を引きとりに行こうと誘った。

嫌がる熊を無理やり浅草に連れていって、死体に対面させる。死体を見守っていた人は、

「ほら、「行き倒れ」は、本人じゃないだろう」というが、八五郎は納得しない。熊に、「お前の死体だ」といって、無理やりそう思わせる。仕方なくそう思いこんだ熊五郎は、自分の亡骸を抱いて、こういう。

「抱かれているのはたしかに俺なんだが、抱いている俺はいったい誰なんだろう」

ウィトゲンシュタインは、若い頃書いた『論理哲学論考』のなかでこういっていた。

世界と生は、一つだ。（五・六二一）

私は、私の世界である。（五・六三）

主体は、世界に属してはいない。それは、世界の限界なのだ。（五・六三二）

世界に「私」は、一人だけだ。それは、私と世界とが一つであることを意味している。主体（「私」）は、世界のなかにはない。「世界の限界」として、その背景をなしている。「私＝世界」から、「私」は逃れられない。一生、「私だけの世界」（世界＝私）で生きていくしかない。

もちろん、他人はいるだろう。ただ、その他人は、「私＝世界」のなかの一登場人物でしかない。「私＝世界」というスクリーンに映される映画のなかの俳優にすぎない。他人は、決して「私」と対等の存在ではない。「私」と他の人間は、根源的に「非対称」なのだ。同じ空間で「対称」をなしていて、比較できるようなあり方はしていない。

しかし、「私」（主体）は、世界のなかにはいないので、それを確認することは決してできない。それがどのようなものなのか、誰にも（といっても、世界には「私」だけしかいないのだが）わからない。

これは、さっきの「同じ」と、「同じ」状況ではないのか。「本当の同じ」は、〈一つのものそのもの〉（つまり、A）だった。ただ、そうなると、もはや「同じ」といういい方はできなくなる。何か（A）と何か（B）を比べて、「同じ」だと判断する（A＝B）ことによって、「同じ」という概念（A＝A）は成立するのだから。「同じ」は、自分の故郷（〈一つのものそのもの〉）（A）に帰ったとたんに、自分自身ではなくなる（「A」）というわけだ。

「私」も、世界に一つしかない。というよりも、世界が私自身なのだ。そうなると、この「私」は、何も意味していないことになる。「私＝世界」であることによって、「私」は、完全に消える。「私」が「私」であるためには、世界のなかに、比較できるものとしての「他人」がいなければならない。「他人」がいなければ、「私」という概念は、まったくいらなくなるのだから。

さて、「粗忽長屋」の熊五郎は、ありがたいことに、「私＝世界」のなかに、いないはずの「私」を見つける。本当は消えているはずの「私」（自分自身）が、ひょっこり熊公の前に現れた。ただ、残念なことに、その「私」は、ただの物質（つまり、死体）にすぎなかったけれども。

このからくりは、どういうことなのだろうか。次回のお楽しみに、ということで……

6

「私」とはなにか(2)

二人の私

「粗忽長屋」

行き倒れの熊五郎を見た八五郎は、急いで長屋に戻り、熊五郎と会う。熊五郎は、吉原で酔っぱらって、自分の長屋に向かったが、浅草寺の境内をぬけたあたりから記憶がないという。「それがお前が死んだ証拠だ」と八五郎はいう。なるほど、記憶がなくなり、自分の死体が目の前にあれば、たしかに死んだのかもしれない。でも、死体を抱いてるこの「おれ」は、いったい誰だろう?

しかし、それでは私とは何であることになるのか？　考えるものである。これはどういうことか？　すなわち、疑い、理解し、肯定し、否定し、欲し、欲さず、また想像し、感覚するものである。これらすべてが私に属するなら、これはたしかに少なからぬことである。だがどうして属さないことがあろうか？　私自身は次のようなものではないのか。つまり私は、今ほとんどすべてのものを疑い、にもかかわらずいくらかのことを理解し、この一つのことを真だと肯定し、他のことを否定し、より多くのことを知りたいと欲し、欺かれることを欲さず、多くのことを意に反しても想像し、また多くのことを感覚から由来するかのように認めているではないか。たとえ私が常に眠っているにせよ、また、たとえ私を創造したものが力のかぎり私をだましているにせよ、それらのことのうちに、私が在るのと同じほどに真でないものがあろうか？　私の思考から区別されるものがあろうか？　私自身から切り離されると言うことができるものがあろうか？　というのは、私は疑い、理解し、欲するものであることは、きわめて明らかであって、それ以上明証的に説明するものは何もないほどであるから。

（デカルト『省察』ちくま学芸文庫、四九～五〇頁）

デカルトによれば、最も確実なのは、「われ思う」ということになる。「私」が疑ったり、理解したり、想像したりする精神の働きこそが、この世界の基盤にしっかりとあることになるだろう。「私の思考」が最も明証的であり、それが「私が在る」ことであり、それがこの上なく真なのである。「私」の身体でもなく、「私」の感覚でもない。それらの背後にある「われ思う」こそが最もたしかなのだ。

しかし、もし「私」がそのようなものであるなら、はたして「私」などという枠組みが必要だろうか。「私に属する」といういい方が、はたしてできるのだろうか。つまり、「私」などと、あえていう必要があるのだろうか。何もかも疑い尽くし、その徹底的な懐疑のために灰燼《かいじん》に帰したまわりのものを、呆然と眺めている「私」は、〈何ものか〉であるのだろうか。

そもそもその「私」を、誰が確認するのか。「私」のほかに「私」をたしかめる何か（誰か）がいるのなら、それは「枠組み」ではないだろう。何といっても、それは、透明な背景のようなもの、何も前提しないものでなければならないのだから。たしかに、〈それ〉は、ある。しかし、それを、誰も（何も）知ることはできない。知る手がかりさえない。

われわれの視野に〈眼そのもの〉は決して登場しないように、〈それ〉は、「知る・知らない」以前のものだ。「知らない」可能性がまったくない「知る」。つまり、「知る」ことが絶対にできない、だがある意味では、われわれが何よりも、最も確実に「知っている」ものなのである。

今雨が降っている。雨脚が強く、路面にたたきつける音がする。冷たい湿気がたちこめ、雨そのものにとりかこまれているかのようだ。このようなとき、どこに〈私〉はいるのか。すべて〈世界〉は、〈雨そのもの〉になっているだろう。〈雨がある〉いや、〈それ〉があるだけだ。

いや、そうではない。〈私〉がいるから、雨を認識できるのであって、〈私〉がいなければ、ただの〈無〉ではないのか。何もない。しかし、〈私〉がいることを、誰が認識するのか。誰もいない。ただの透明な枠組みではないか。だったら、やはり、〈それが降る〉あるいは、〈それ〉だけでいいのではないか。たしかに背景はあるだろう。ただ、それをあえて〈私〉などという必要はない。

そうすると、こういうことか。

たしかに〈私〉は、背景として必要だ（以後、この本では背景としての〈私〉を〈私〉

と書くようにしよう)。世界を開かなければならない。〈私〉という窓から、もろもろの現象が見えるのだから。しかし、それは、〈私〉が見るのではなく、〈私〉のなかで、その現象があらわれているだけ。もうそこには、〈私〉はなく、〈そう〉見えるだけなのだ。

粗忽長屋に戻ろう。この噺には、八五郎もいれば、熊もいる。熊五郎の死体を見張っている人もいれば、野次馬もたくさんいる。この多くの〈私〉をどう考えればいいのだろうか。たしかに、それぞれの〈私〉は、そこから、おそらく独自の世界を開いているだろう。それぞれ唯一無二の世界が展開されていると予想できる(本当のところは、〈私〉には、わからないけれども)。

そのような「粗忽長屋」の世界の背後には、背景になっている〈私〉がなければならない。それは、最終的には〈この私〉、つまり、「粗忽長屋」を見ている客ということになるだろう。客がいて、落語が成りたつのだから。だが、もちろん演者がいなければ見ることはできない。小さんが、小三治が、志ん生が、志ん朝がいなければ、「粗忽長屋」は、現れない。

落語は不思議な芸である。一人ですべてを演じるので、逃げ場がない。しかも、講談や浪曲とちがい、状況説明などは最小限におさえ、いきなり人物の台詞のやりとりが始まる。

落語家自身が、ト書きなしで世界を開き、展開し閉じなければならない。恐ろしい芸だ。噺家の〈私＝世界〉だけで、終始しなければならないのだから、豊饒になるか、貧寒となるかは、演者一人の腕次第ということになるだろう。

しかし、この落語の特徴は、異なった側面も示している。われわれの世界の最も根源的なあり方を、そのまま舞台で演じるものであるという点だ。噺家という〈私〉のなかですべてが展開していくというのは、〈私〉と〈世界〉との結びつき（〈私＝世界〉）そのものではないか。ウィトゲンシュタインがいうように、私が世界そのものだ、というわけである。

演劇や漫才、コントであれば、複数の人間によって、ある場がつくりだされる（一人芝居は別として）。その場に客も入りこむことによって、感動したり笑ったり白けたりする。いってみれば、役者や漫才師と同じ資格で、客もその場に参加していく。もちろん、その背景には客自身の〈私＝世界〉があるから、そう単純ではないのだが、多人数の舞台では、そのことはそれほど意識されない。

しかし、落語は、演者は一人だ。複数の人間により世界がつくりだされるのではなく、演者自身が無という背景になって、噺そのものの世界を現出させなければならない。客の

〈私〉が背景となっている世界にうまく重なりつつ、自らも消えなければならない。だから、枕はとてつもなく危険なのだ。枕で爆笑をとると、噺家自身の〈私〉がうまく消えなくなってしまう。噺がいつまでたっても始まらない。

小さんが、小三治が、見事に消えることによって、八五郎や熊五郎が生きいきと現れてくる。どこにも、背景としての〈私〉は存在しない。これが、噺という世界だ。演者の〈私〉は、透明な背景としてのみあるべきなのであって、噺に登場してはいけない。ほんの少しも。

「粗忽長屋」という噺は、このような〈私〉のあり方を、見事にとりだしてみせている。熊五郎の〈私〉が、最後の最後で顔をだすからだ。だから、「粗忽長屋」は、大げさないい方をすれば、われわれの根源的なあり方（私＝世界）と落語そのものの本質（演者の〈私〉の消滅）とを、実にわかりやすく指摘している噺だといえるだろう。三重の〈私〉が、落ちになっているというわけだ。

角度を変えてみよう。何度もいうが、私は、私を確認できない。しかし、これは〈私〉ではなく、当たり前の「私」だ。われわれは、（変ないい方だが）いちばん自分自身であるはずの自分の顔や姿を、直接見ることはできない。もちろん鏡や動画で見ることはできるだろう。でも、それはあくまで一面的であり、過去のものにすぎない。今この瞬間の生きいきした自分自身を、自分でたしかめるすべはない。

私たちは、他人の顔や動きを見ることによって、自分の顔や動きを類推している。他人の顔や動きであれば、あらゆる角度から、どんな表情やたたずまいでも、観察可能だからだ。同時に、他人もまた、私の顔や行為によって、自身のそれを推測するだろう。こうして私たちは、自分と他人とが、相互に補い合いながら、この世で生きていく。そのままの意味で、自分は他人の鏡であり、他人は自分の鏡なのだ。

このことは、前回述べた「同じ」の不思議とも関係があるだろう。同一性を確認する「同じ」(A＝A)は、すでに「同じ」(A＝B)とはいえない。「同じ」というための比較の要件(二つのもの)を満たしていないのだから。「真の同じ」は、「同じ」ではない。これは、「私」だけが存在しているのであれば、それは、「私」ですらないというのと同じだろう。私と他人がいて、初めて「私」ということができる。そして、これは、背景としての〈私〉のあり方とも深く関係していることは、すぐにわかるだろう。

だから、熊五郎が自分で自分の身体を見るとき、そこには、二つの意味がある。本来であれば、「真の同じ」は、「同じ」ではないのに((A＝A)≠(A＝B))、「真の同じ」が、いわば分裂して、比較可能なものとして（A＝A'）現れてしまったという意味。「自己同一性」（A＝A）の「同一」が確認できる事態が、生じたのだ。「同じ」の根底にある矛盾が、そのまま露呈している。「同じ」は、実は「同じ」ではないことを、裏面からはっきりと示してしまった。

そしてもうひとつ。自分を決して見ることができない背景としての〈私〉が、自分を見てしまった。背景としての〈私〉があるからこそ、この世界は成りたっている。そして、その構造のなかで、具体的な「私」も、他人を鏡として自分自身をたしかめる。ところが熊五郎は、他人ではなく、自分自身（死体）を鏡として、自分をたしかめざるをえなくなった。他人を鏡として自分を類推するはずが、自分を鏡として自分を「類推」してしまったということだ。つまり、われわれの自己認識の根底にある「自他の相補性」とでもいうべき事態を壊してしまったのだ。何ということだろう。

（何度もくり返して、申し訳ないが）〈私＝世界〉なのだから、背景としての〈私〉は、この世界には登場しない。たしかに、その世界には、いろいろな登場人物（それぞれの「私」）が、生きいきと見えるだろう。それを仮に「三人称の私たち」と名づけよう。

三人称の私たちは、〈私〉という舞台の上で、生きている。いろいろな出来事が進行していく。しかし、そのなかの特定の「私」が、こちらをじっと見つめている。背景であるはずの〈私〉を、舞台の上へと誘っているのだ。このように誘う「私」を「二人称の私」と呼ぶならば、透明な枠組みの〈私〉は、「二人称の私」によって、この世界のなかの登場人物である「私」を自覚するといえるだろう。「自他の相補性」というのは、このことだ。八五郎の〈私〉は、「三人称」の熊五郎を比較した。二人の熊は、八五郎の〈私〉のなかの登場人物にすぎない。おかしな事態ではあるけれども（本当に、相当おかしな事態だ！）、生きている熊と死んでいる熊が、それぞれ「三人称の私」として存在している。

しかし、熊五郎の〈私〉にとっては、そうはいかない。屍となった自分自身を見ることによって、「自他の相補性」が強く働き、あるいは、破壊され、「自自の相補性」になってしまう。背景の〈私〉が、「自他の相補性」のレベル（具体的な「私」）に無理やりひきずりだされてしまった。

そして、そのありえない矛盾（A＝A'）に引き裂かれ、思わず背景である〈私〉を〈私〉が指摘してしまう。だからこそ、死体の「私」をたしかめた後で（「抱かれているのはたしかに俺なんだが……」）、熊五郎は、「抱いている俺はいったい誰なんだろう」というのだ。この順序は、まったく正しい。恐ろしいほどに正確だ。

「抱いている俺」、つまり、黒幕である透明な枠組みが、最後の最後でほんのちょっとだけ姿を現す。前代未聞の出来事がおこるのである。

「粗忽長屋」は、決して現れてはいけない背景である〈私＝世界〉が、ぬっと姿を現してしまう比類のない噺だといえるだろう。

7

「私」とはなにか（3）

イヌであるとはどのようなことか

―「元犬」

犬の「シロ」は、人間になりたいと強く思い願かけをした。すると満願の日に、シロは人間になった。犬だったとき親切にしてくれた吉兵衛さんと会った。裸だったシロに羽織を貸してくれて働き口まで世話してくれた。変な人が好きなご隠居のところを紹介してくれた。お元という女中と二人で暮らしている。ご隠居は、シロをとても気に入った。ところがシロは、「鉄瓶がチンチンいってる」と隠居がいうと、チンチンをし始め、「元はいぬか？」とお元を呼ぶと、シロは、すかさず「へぇ、今朝ほど人間になりました」

ところで、我々人間は犬のことを「動物の一種」であると考えているが、他の動物たちは犬のことを、自分たちの仲間の一種であるとは考えていない。これは注目すべき事実である。もちろん「人間の一種」と考えているわけではない。

（『けものづくし　真説・動物学大系』別役実、平凡社ライブラリー、九六頁）

「犬」に、犬としての独自性があるのではない。他の「動物」たちにあるそれぞれの独自性から、「犬」はつねに疎隔《そかく》されているのであり、従ってこそ、それらは「犬」なのである。だからもっと正確に言えば、我々は「犬」を見て、「犬だ」と判断するのではない。「他の動物ではないな」と判断するのである。他の「動物」たちによって占められたそれぞれの独自性の「空白」をそこに見るのであり、ただその「空白」こそが「犬」であることを、我々は知識として知らされているにすぎない。「犬」という言葉の、柔軟な順応力もそこからくる。彼等はもともと「空白」なのであるから、我々の期待する可能な限りの変化に、彼等は充分順応するのである。

犬とは何か？　このことを考えると、とてつもない暗闇にひきずりこまれる。他の動物から、仲間だとは思われておらず、しかも、人間でもない連中。独自性がなく、ただただ「他の動物ではない」だけのものたち。「空白」な存在、「柔軟な順応力」をもつ「犬」。ようするに、「犬」とは、ソシュールのいう「体系」のネガティヴな「空白」（差異の織物）のことなのだろうか。他のすべての存在から否定されることによって、透きとおった姿を現す「空白」のことなのか。

（同書、九八〜九九頁）

犬にたいする恐怖は、底知れない。犬と冷静に対峙するためには、工夫が必要だ。

私は、まじめに、真剣に、対策を考えた。私は、まず犬の心理を研究した。人間に就いては、私もいささか心得があり、たまには的確に、あやまたず指定できたことなどもあったのであるが、犬の心理は、なかなかむずかしい。人の言葉が、犬と人との感情交流にどれだけ役立つものか、それが第一の難問である。言葉が役に立たぬとすれば、お互いの素振り、表情を読み取るより他に無い。しっぽの動きなどは、重大である。けれども、この、しっぽの動きも、注意して見ていると仲々に複雑で、容易に読み切れるものでは無い。私は、ほとんど絶望した。そうして、甚だ拙劣な、無能きわまる一法を案出した。あわれな窮余の一策である。私は、とにかく、犬に出逢うと、満面に微笑を湛えて、いささかも害心のないことを示すことにした。

（「畜犬談」太宰治）

犬は何を考えているのだろうか。われわれと同じように、言葉をもっているのか。しかも、日本語を解するのだろうか。いやいや、「イヌ語」だろう。その「イヌ語」にも、種類はあるのか。ブルドッグ語とシェパード語は異なるのだろうか。方言はあるのか。誰にもわからない。そのわからなさが、こちらに恐怖を抱かせる。いや、恐怖を抱いているのかどうか、それすらわからない。犬のわからなさは無類だ。

かつて犬と同じくらいのわからなさで有名だったのが、コウモリだった。ネーゲルは、つぎのようにいう。

さて、周知のように、大部分のコウモリは（正確に言えば哺乳類翼手目に属する動物は）主としてソナーによって、つまり反響位置決定法によって外界を知覚する。すなわち、高感度で微妙に調節された高周波の叫び声を自分から発して、有効範囲内にある諸対象からの反響音を感知するのである。彼らの脳は、発せられる衝撃波とそれによってひき起こされる反響音とを相互に関連づけるように設計されている。（中略）しかしコウモリのソナーは、明らかに知覚の一形態であるにもかかわらず、その機能においては、われわれのもつどの感覚器官にも似てはいない。それゆえに、ソナーによる感覚が、われわれに体験または想像可能な何かに、主観的な観点からみて似ているとみなすべき理由はないのである。この事実は、コウモリであることはどのようにあることなのかを理解するために、障害となるようにみえる。われわれは、何らかの方法によってわれわれ自身の内面生活からコウモリのそれを推定することができるかどうか、もしできないならば、コウモリであることはどのようにあることなのかを理解するために、他のどんな方法がありうるのか、を考えなければならないのである。

（トマス・ネーゲル『コウモリであるとはどのようなことか』永井均訳、勁草書房、二六三頁）

コウモリが、ソナーによって知覚しているのはわかる。さまざまな実験を、(コウモリではない)われわれ人間がすることによって、コウモリの振舞いを外側から観察し、ある程度、その「生態」を知ることはできるだろう。しかしそれは、コウモリのことを、本当に知ることではない。コウモリの経験を内側から知ることではない。何といってもわれわれは、残念ながらコウモリではないのだから。

たとえ私が徐々に形を変えていって、ついにはコウモリになることができるとしても、現在の私を構成している要素の中には、そのように変身した未来の私の状態の体験がどのようなものになるのかを、想像可能にしてくれるものは存在しないのである。変身した私の体験がどのようなものになるかを最もよく教えてくれるのは現にコウモリが体験しているものであろう。それが現にどのようなものであるのかを、われわれが知ることさえできたならば。

(同書、二六四〜二六五頁)

コウモリと同じ体験を内側からしたとしても、その後、ふたたび人間に戻ってしまったら、その体験をそのまま、「表す」ことはできないだろう。生涯コウモリのままでいるようなコウモリが、自らの体験を、コウモリのまま「表す」ようには、できないだろう。やはり、どうしても外側からの報告になってしまう。そもそも人間が、完全に（人間的なものをすべて失って）コウモリになることは、不可能であるにちがいない。とてつもなく当たり前のこと（同時に、ものすごく不思議なこと）だけれども、人間は人間であり、コウモリはコウモリなのだから。

コウモリの話はこれくらいにして、本来のイヌの話題に戻ろう。イヌがいかなる体験をもっているか。これもまた、われわれには想像を絶している。

イヌがどのような行動をするのか。どんな食べ物を食べるのか。ネコに比べてどれほど忠実か。そういったことは、ある程度わかるだろう。

しかし、そのイヌ本人が、どういう知覚経験をし、どんなことを考え、どんな隠し事をしているのかは、皆目見当もつかない。嘘はつくのか、恥ずかしがるのか。どれほど生物学や動物行動学が発達したとしても、外側からの推測だけで、本当のところは、やはりわからないだろう。イヌの「私」にならなければ、何もわからない。それが無理なら、イヌに訊いてみなければ。でも、教えてくれたとしても、イヌが嘘をつくとしたら、だまされている可能性もある。

落語には、イヌの内面を描いた噺がある。「元犬」だ。

蔵前の八幡様の境内に、「シロ」と呼ばれていた真っ白い犬がいた。まじりっけのない真っ白い犬はとても珍しく、昔から、来世は人間に生まれ変わるといわれていた。まわりの人間にそういわれた犬は、来世じゃなく、今世のうちに人間になりたいと思って、二十一日間、願をかけて裸足参りをした。その満願の日の朝に、毛が抜け、はっと気づくと人間になっていた。立てるし(直立)、歩ける(二足歩行)ではないか。毛がなく裸で寒くってしょうがないので、シロは、八幡様の奉納手拭いを腰に巻く。

犬の頃から、人間は働くものだと知っていたので、働き口をさがさなきゃと思っていると、犬の時分に大層可愛がってくれていた口入れ屋の上総屋吉兵衛さんがやってきた。「働きたい」というと、世話しましょうという話になる。裸じゃしょうがないと、羽織を貸してくれて、うちまで連れていってくれた。ところが、犬の癖が抜けない。足を拭いた雑巾の水は呑む。喜ぶと、お尻は振る。干物を頭からまるごとかじる。帯をくわえて遊ぶし、下駄もくわえてもっていってしまう。ただ、廊下の雑巾がけは、すこぶるうまい。

上総屋さんは、あなたはとても変わっているから、変わった人が大好きな御隠居のところに奉公に行くといいといって紹介する。その隠居は、お元《もと》という女中さんと二人暮らしだという。御隠居は、シロを大変気に入り、いろいろ尋ねる。生まれたのは、乾物屋の裏の掃き溜めだとか、お父っつぁんは酒屋のブチだとかいう。「名前は」と尋ねると、「シロ」という。ただの「シロ」じゃおかしいだろうといわれて、いや、「ただシロ」と答えると、「只四郎か、いい名前だ」と感心される。「鉄瓶がチンチンいってないか」といわれると、チンチンをし始め、隠居が「えー、茶でも煎じて入れるから、焙炉《ほいろ》をとんな。そこのほいろ、ほいろ」というと、ワンワンと吠えだしてしまう。驚いた御隠居が、女中に助けを求めて、「おーい、お元や、もとはいぬか?」と大声をだすと、シロは、「へえ、今朝ほど人間になりました」

この噺では、犬は、最初から言葉を使っている。いろいろなことを、言葉によって考えていく。「みんな、きれいだきれいだといってくれて、うれしいね」「俺の名前は、シロっていうんだ」「来世じゃなく、今すぐ人間になりたい」「八幡様にお願いしよう」などなど。

そして、ついに人間になる。ところが、内面は、犬のときから人と変わらなかったのに、しぐさは、人にならずに犬のままなのだ、不思議なことに。

つまり、「元犬」においては、行動としては犬の行動で一貫していて、心のなかは犬のときから人間だったということになるだろう。そうなると、この噺では、「イヌである」とは、「イヌと同じ行為をすること」になるだろう。

ようするに、ネーゲルの問題設定とは、まったく表裏をなしているのだ。「コウモリであるとは、その内側からの経験そのものである」(ネーゲル)のにたいして、「元犬」においては、「イヌであるとは、その外側から見られた行動そのもの」なのだから。

そう考えると、シロが犬だったとき、すなわち、人間に強い憧れを抱いていたとき、ネーゲル的な意味では、すでに人間になっていた。「ヒトであるとはどのようなことか」を、内側からもともと実践していたのだから。しかし、はたしてそうだろうか。

そもそも「ヒトであるとはどのようなことか」ということが、わかるのだろうか。少なくとも、(背景としての)〈私〉には、わからない。「このワタシであるとはどのようなことか」であれば、すべてではないにしろ、ある程度はわかっているような気がする。睡眠中、泥酔中、錯乱中(?)は、わからないけれど、それ以外のたいていの場合は、何となく、わかっている（つもりだ）。

しかし、他の人の「私」については、まったくわからない。他の人の内側は、何もわからない。そもそも〈私〉をもっているかどうかさえ曖昧だ。つまり、ネーゲル的な意味で、「ヒトであるとはどのようなことか」といっても、何のことだか、さっぱりわからないということだ。

他の人と私とが、「ヒト」と呼ばれるのは、内側の特徴からではなく、生物学的な外側のあり方や行動様式からだ。だとすれば、「イヌであるとはどのようなことか」という問いにたいしては、「元犬」におけるように、誰もが見て、「これはイヌだね」とわかる振舞い方こそが、イヌを表していると答えるしかないだろう。

もしシロが犬であった頃、「イヌであるとはどのようなことか」と、蔵前の八幡様の境内でネーゲルに尋ねられたならば、「イヌ一般なんてぇのが、どんな内面をもつかなんて、わかるわけないだろう」と言葉を使って、ただし、心のなかでそっと答えたにちがいない。

8

「顔」について
善悪の彼方へ

「一眼国」

一つ目の子供を見たという話をきいて、見世物にだせると思った香具師の親方が、一つ目の子供をさがしに行く。やっとのことで、五、六歳の女の子の一つ目を見つけた。連れていこうとすると、大人たちがでてきて、親方の方が逆に捕まってしまう。奉行所へ連れていかれ取り調べを受けることになる。親方の顔を見た一つ目のお奉行が、「こやつ眼が二つだ。調べはあとだ、見世物にだそう」

ひとり「汝殺す勿《なか》れ」を告げる顔のヴィジョンだけが、自己満足のうちにも、あるいはわたしたちの能力を試すような障害の経験のうちにも、回帰することがない。というのは、現実には殺すことは可能だからである。ただし殺すことができるのは、他者の顔を見つめない場合だけである。殺すことの不可能性は現実的な不可能性ではなく、道徳的な不可能性なのである。顔のヴィジョンはなんらかの経験ではなく、おのれの外部への踏み出しであり、ある他なる存在者との接触であり、単に自己を感覚することではないという事実は、この不可能性の「純粋に道徳的な」性格によって裏付けられる。

（エマニュエル・レヴィナス『困難な自由』内田樹訳、国文社、二七頁）

わたしたちは、他の人間を殺すことができる。しかし、一般にはこの行為は、それほど容易ではない。というより、かなり困難なことだろう。大して波風の立たない人生において、殺人に遭遇する機会は、ごく少ない。被害者としても加害者としても。なぜだろうか。法律で禁止されているからか。自分や家族が、他人に無慈悲に殺されるのがいやだから、みんな抑制しているのか。

レヴィナスは、「顔」に焦点をあてた。他人の顔がこちらに向いているとき、その顔は「汝殺す勿れ」と告げているという。「顔」を見つめるというのは、たんなる経験ではなく、「外部への踏み出し」だというのである。「顔」の彼方には、われわれの経験を超えた無限の外部が開かれているというのだ。これは、いったいどういうことだろうか。

たしかにわれわれは、同じ生命でも、路傍の花を手折《たお》ったり、樹木を伐採したり、芝生を踏みつけるときには、さほど罪悪感を抱かない。だが、犬や猫に対して、それと同じことは、なかなかできないだろう。それは、レヴィナス流のいい方をすれば、花や木や芝生には、「顔」がないからではないか。

蚊や蝿を平気で殺す人も、蛙や蛇はどうだろうか。鳩や鴉《からす》は、どうか。「顔」がはっきりこちらにわかる大きさの動物だとかなり抵抗があるのではないか。もし、蚊が、顔だけ人間と同じ形と大きさをもっていたら、どうだろうか。蚊に「人面蚊属」という種類があったら、蚊にたいするわれわれの生命哲学や行為は、がらっと変わるのではないか。少なくとも、ほかの属の蚊にたいする態度とは、異なったものになるだろう。

動物解放論のピーター・シンガーは、われわれの肉食について、甲殻類と軟体動物とのあいだでの線引きを提唱した。それは、「痛み」の有無が基準らしい。「顔」の有無も、このような基準になるのだろうか。こちらをじっと見つめる「顔」をもつ生物を殺すのは許されず、「顔なし」の生物は殺してもいいといったように。しかし、これでは、あまりにも恣意《しい》的すぎるだろう。シンガーも、つぎのようにいっていた。

> 本書の初版では私は、もし線引きをするならば、小えび（甲殻類）とカキ（軟体動物）のあいだのどこかでするのがいちばん妥当だと提案した。だから私は、ベジタリアンになってからもしばらくは、ときどきカキ、ホタテ貝、イガイを食べ続けた。しかし、これらの生物が、痛みを感じているとも、逆に感じていないとも、どうしてもはっきりわからなかった。もし、痛みを感じているならば、カキやイガイを食べることは、それらの生物に痛みを与えることになるだろう。カキやイガイを食べなくてもなんでもないのだから、今は私は、それらを食べない方がいいと思っている。
>
> （『動物の解放［改訂版］』戸田清訳、人文書院、二一八〜二一九頁、訳文は、適宜変更した）

「顔」とは何か。「顔」と「痛み」は、関係しているのか。この問題は、かなり根深い。

他の角度から攻めてみよう。

ウィトゲンシュタインと蠅の縁《えにし》は、われわれにはありがたい。「哲学の目的」を、「蠅に、蠅とり壺からの出口を示すこと」（『哲学探究』三〇九節）といったこの哲学者は、痛みのきっかけという重大な問題についても、以下のように、蠅に大役を与えている。

> 石を眺め、それが感覚をもっていると考えてみよ！　ひとは自問する。いったいひとはどのようにして、物体に感覚を帰属させるといったことに考えおよぶことができたのだろうか。まったく同様にして、数に感覚を帰属させることもできたであろうに！　と。――では、ばたばたもがいている蠅を眺めてみよ。そうすれば、そうした困難はただちに消えうせてしまい、それまであらゆるものがいわば滑らかであったこの場で、苦痛なるものがはじめて手がかりをつかむことができるように思われる。
>
> （『哲学探究』二八四節）

なぜ蠅は、植物のように静かに生命を閉じないのだろうか。彼女／彼は、何かを感じているのではないか。「痛み」のようなものを。いや、「痛みそのもの」を。そうでなければ、あのように「ばたばたもがく」ことはないだろう。「顔」と「痛み」の表れとは、こうして関係してくるだろう。しかし、「顔」という湖面にできた「痛み」という波が問題だとすれば、まったくさざ波の立たない湖面、あるいは、「顔」がないものについてはどうか。それとも、あらゆる存在には、「顔」があるのだろうか。

たしかに人類は、進歩しているのかもしれない。奴隷解放、男女同権、人種差別撤廃、LGBTの人たちに対する配慮など。ヒトという種のなかでは、「良き」方向に向かっているようにも思われる。この方向は、さらに進んで、ヒト以外にもおよんでいくだろう。

人類以外の動物が解放され（肉食が、喫煙のように忌避されるようになり、動物園はもちろんなくなり）、さらには、植物が解放され（「雑草」などという概念が消え、樹木伐採は罪となり）、鉱物がそれにつづく。最終的に「存在するもの」すべてが、平等な権利をもつものとして、解放され尊重されるにちがいない。イチローが自らの道具を大切にあつかうように、人類は、すべての存在と丁寧に慎重につきあうようになる。こうして、あらゆる存在が平等になる世界がくるだろう。

しかし、その過程においては、時代や地域によって、さまざまな「倫理」や「道徳」が決められていく（誰でもいうように、殺人罪がある一方で、戦争や死刑など国家による殺人は、罪にはならない、など）。存在すべてが平等になる方向性と、「倫理」「道徳」の、この根源的恣意性との関係は、いったいどうなっているのか。

いつも不思議に思うことがある。こういうことだ。倫理と価値とは、密接にかかわっている。この事実だけの世界で、「良い」というためには、「良い↕悪い」のちがいが生まれなければならない。価値は、二つのもののちがいによって生まれるからだ。それを基本に、倫理が成立する。殺人は「悪く」、自らの命と引き換えに他人を助けるのは「良い」。嘘をつくのは「良くない」ことであり、何でも正直に話す「べき」だ。といった倫理の世界が開かれる。事実とは異なる価値の領域が作られていく。

特徴のない顔よりも、イケメンの方が「いい」。学歴の高い方が、年収の多い方が「いい」。「湘南ナンバー」の方が、「多摩ナンバー」より「いい」、地底よりも天空の方が「いい」、などなど。日ごろからいつも、われわれは価値づけをしている。認識そのものが、価値づけだといっていいくらいだ。

こう考えると、倫理的な領域が生まれてくるのも、当然のことかもしれない。われわれが、何かを見たり聞いたりする時、そこに、「良い悪い」の価値が、すでに含まれているからだ。だとしたら、これは、とても不思議なことである。というのも、もし、先ほど述べたようにわれわれ人間が、すべての存在が平等であることを目指しているのだとしたら、このような倫理は、最初からその方向と齟齬をきたしているのではないか。

倫理は、ちがいによって自らの領域を開きながら、最終的にはその領域を全面的に否定しなければならない。何という面倒なことをしているのだろう。本来は、ただいろいろなものがあるだけの純粋な事実の世界に、ちがいという観点が導入され、それと同時に価値の世界が開かれる。このことによって、「良い悪い」の議論がされ、そのつど、時代や地域によって、「良きもの」が決まっていく。

なぜ、事実だけの世界ではいけないのか。そのままで平等ではないのか。しかし、これはこれで仕方のないことだろう。この世界に満ちみちている存在はすべて、形や色をもっているからだ。ちがいを前提としたあり方をしているからだ。もし、この世のものに形や色がないならば、ちがいは生まれない。いわば、無味無臭で透明な「もの」がいくらいても、そこにちがいはないだろう。

志ん朝さんの「化け物使い」で、のっぺらぼうの女性にたいして主人がいう「なまじ目鼻がついてんで、苦労している女はいくらもいるんだよ」という絶妙のくすぐりがあるが、まさに、目鼻という形があると、必然的に差異が生まれて、そこからもろもろの苦労が生じるというわけだ。

もし、倫理や道徳が、差別をなくし、平等で対等な世界を目指しているのなら、われわれ全存在の今の形態では、最初から倫理は、われわれ自身の発生の条件を否定するという根源的な矛盾をおかしていることになるだろう。

だんだん妄想のような話になってきた。そろそろ落語の紹介をした方がいい。今回は、「一眼国」だ。

諸国を巡礼して歩く六部が、ある香具師《やし》の親方のところで、一晩泊った。いろいろな国を歩いているお前さんだから、珍しいネタはないかと、親方は六部に訊く。臍《へそ》でものを食べたり、天井裏に足の裏くっつけて歩く人とか、いないかね、いれば、見世物にだせるのだが、と尋ねる。六部は最初は、そんな話はないといっていたが、そういえば、と話しだす。

江戸から東へ東へと三日ばかり行ったときに日が暮れて宿もとれず、森のなかで一服していた。すると、うしろから「おじさん！」と呼ぶ声がして、振り返ると、五つか六つの女の子がいて、よく見ると、顔の真ん中に眼が一つしかない。ぞっとして夢中で駆けだしてどうにか見つけた宿に泊った。それから、一つ目の夢を見て、夜うなされた。

それを聞いて親方は、自分もでかけていった。江戸から東へ東へ三日ほど歩いたが、何もおこらない。六部の奴、出鱈目いったなと怒っていると、とある森にでた。一服していると、「おじさん！」と声がして、そっちを見ると、五、六歳の女の子で一つ目だった。しめたと思って、捕まえて走って行こうとすると、子供は、大声で叫び始めた。その声で、法螺貝の音がすると、「ひとさらいだ！」という声がして、多くの大人たちが追いかけてきて捕まってしまう。

奉行所へ連れていかれ、お奉行に調べられる。顔をあげて、見てみると、お奉行も一つ目だった。向こうもこっちを見て驚いて、「こやつ眼が二つだ。珍しい。調べは後だ。見世物にだそう」

一眼国と二眼国とでは、さまざまなものが根本から異なるだろう。一眼で見るわけだから、世界の様相も異なるだろうし、それにもとづき、言動や思考もちがうだろう。倫理や道徳だって、二眼国のなかでさえ時代や地域でちがうのだから、それは、まるっきり異なっているかもしれない。

一眼国には、多くの一つ目がいて、二眼国には、多くの二つ目がいるということだ。三眼国だって、n眼国（当たり前だが、「化け物使い」ののっぺらぼうだって、「顔」はあるのだから、このnには、0も入る）だって考えることができるだろう。そして、この噺も、無理にレヴィナスに結びつければ、「顔」が話題になっているといえるかもしれない。「一眼の顔」の彼方にも、無限の領域が開いている。

最後は、ウィトゲンシュタインにふたたび登場してもらおう。


ところで色覚異常の人は、自分自身を「色覚異常」と呼ぶことをかつて思いつくなどということがあっただろうか？ ――なぜ思いつかないのか？

しかしもし「正常な視覚の持ち主」が、色覚異常の人が人口のほとんどを占めるところで例外になるならば、正常な視覚の持ち主は、色彩語の「正常な」つかい方をどのようにして習得できるのだろうか？ ――正常な視覚の持ち主は色彩語をまったく「正常に」用いているのだが、色覚異常の人が、そうした（正常な視覚の持ち主の）非日常的な能力を最終的に評価できるようになるまでは、他の人たちの目には、ある種の誤りをおかしていると映るかもしれない、ということは考えられないか？

（『色彩について』第三部、二八六節）

このように考えれば、何もかも、量的な問題（多数決）のように思われてくる。それでもやはり、普遍的な何か（たとえば「善悪」のようなもの）があるような気になるのは、〈私〉だけだろうか。

9

恋愛とみかん（1）

固有名詞に恋をする

「崇徳院」

茶屋で見かけたお嬢さんに恋をした若旦那は、何も食べられなくなり病気になる。その原因を突きとめた熊さんは、若旦那の父親に、そのお嬢さんを探してくれといわれる。手がかりは、「瀬を早み岩にせかるる滝川のわれても末に会わんとぞ思う」という崇徳院の歌だけだった。熊は、江戸中をその歌を大声でがなりたてながら歩きまわる。湯屋や床屋を何十軒も探しまわるが、なかなか見つからない……

恋愛というのは、本当に不思議なもので、ない方がずっと暮らしやすいことはたしかだ。人類として子孫を残さなきゃいけないのであれば、他の動物みたいに発情期があれば充分ではないか。あるいは、タンポポみたいなやり方もあるだろう。恋などという面倒なことがあるから、余計な気苦労もしなければならないし、人との関係が複雑に（何角にも）なって刃傷《にんじょう》沙汰《ざた》もおこってしまう。

そもそもなぜ恋愛があるのかなどという野暮な問いには、プラトンがそっけない答をだしている。イデア界という、現実のもとになっている理想の世界では、人は、もともと完全人だったという。イデアの世界では、われわれは両性具有であり、〈男－女〉〈男－男〉〈女－女〉という組み合わせで完成されているのだというのだ。ところが、この現実の世界に入ってくるとき、その両性が片方ずつに分かれてしまう。

だから、この世で、イデア界で自分の片割れだった人を見ると、心ふるえて恋に落ちるというわけだ。これは、本書の序「「二つの世界」と落語」でも話した通りだ。でも、この説明は何と図式的なのだろう。もしそうだったら、われわれは生涯に一度しか恋愛しないはずではないですか、プラトン先生！

大澤真幸《まさち》が、『恋愛の不可能性について』（春秋社）という本のなかで、固有名と恋愛とを結びつけて、面白いことを言っていた。ここから出発してみよう。クリプキという論理学者（天才です）は、固有名は記述に還元できないものだと考えた。たとえば、「三代目古今亭志ん朝」という固有名は、志ん朝さんのもつ多くの性質、「五代目古今亭志ん生の息子だ」「十代目金原亭馬生の弟」「本名は、美濃部強次《きょうじ》である」「出囃子は老松だ」「矢来町といわれていた」などなどの「束」ではない。

志ん朝師匠の本名が「美濃部強次」ではない世界、あるいは、志ん朝さんが矢来町ではなく若松町に住んでいた別の可能世界においても、「志ん朝」さんは「志ん朝」さんだという。一度「三代目古今亭志ん朝」という名が命名されたら、その固有名は、すべての可能世界で通用するというのだ。固有名の固有性は、あらゆる世界の外側にあるといってもいいだろう。このような固有名のあり方が、恋愛と似ていると大澤はいう。なるほど、そうかもしれない。

そうであるとすれば、今や、こう言うことができるだろう。名前が、個体の性質の記述に還元できないのは、この私が、記述に還元できないからである、と。名前は、私の記述の還元不可能性を委譲されているのである。

さて、問題は「愛」であった。愛する他者もまた、記述に還元することができない。それは、固有名の記述への還元不可能性と同じものであった。

（『恋愛の不可能性について』一五頁）

たしかに恋愛という現象は、その相手の性質に魅かれて、おきるものではない。顔が素敵だから、性格がとてもいいから、背が高いから、相手を好きになるわけではない。そんなことで惚れるのであれば、恋というのは、ずいぶんお手軽な出来事だ。もちろん、そういう要素がまったくないわけではないだろう。その人を好きになるきっかけが、人柄の良さや他の何らかの要素だということはあるかもしれない。ただ、本格的な（？）恋愛は、それほどわかりやすくはない。〈それ〉は、何とも説明のつかない面妖《めんよう》な事件だ。いわば、恋愛は、背後からいきなり襲ってくる。

どんなに自分の好みは、かくかくしかじかの異（同）性だとあらかじめ思っていても、その通りの人を好きになる保証などどこにもない。実際そんな人は、ほとんどいないだろう。相手の性質の束に、あるいは、束のどれかに恋愛するわけではないからだ。自分が理想だと思っていた性格や容姿などお構いなしに、突然、恋愛は始まる。好みも何もあったもんじゃない。理由は皆目わからない。

> しかし、実際には、愛がまさに真正なものとして現われているときには、確かに、その唯一性についての要求は貫徹されているように見える。つまりわれわれは、真に愛している人物について、これで完全であるというような、積極的な理由（の束）を挙げ尽くすことはできない。これは、固有名を性質についての記述群に置き換えられないのと同じことである。
>
> （同書、三三二頁）

ソシュールのいうように、語の意味は、言葉の体系のなかの、その語以外の語との差異によって決まる。否定的な価値（他の語ではない、ということ）によって、語の意味は決まるのだ。だから、一つの語の意味のためには、その背景に「ラング」といわれる言語体系全体が控えていなければならない。ところが、固有名詞は、そんなことはない。ほかの語とのちがいなどなく、それだけで屹立《きつりつ》しているといえるだろう。

別の角度から考えてみよう。固有名詞は、いわば現実との唯一の接触面といえるかもしれない。言語は、本来は現実のもろもろの出来事や物を指示するためにできあがった。たとえば「岩」という語は、実際に存在している「この岩」を指していたはずだ。最初は、固有名詞だった。しかし、いったんそういう指示がなされると、その語は、言葉の群れに吸収されていき、言語体系のなかの語として現実とはかかわらなくなる。「岩」一般を意味することによって、差異の戯れのなかでのみ意味をもつ。

言葉の発生の時点では、現実と触れ合っていたはずなのに、一度命名がなされると、その語は、言葉だけの世界に紛れこんでしまう。だがそれに対して固有名詞は、いつもただ一人の人（もの）を指しつづける。もちろん、同姓同名という現象があるので、固有名詞も曖昧なケースがあるけれども、本来の固有名は、唯一無二の対象のみを指している。

詩人の野村喜和夫は、こういう。

ところが、固有名詞はどうでしょう。それも相変わらず言葉ですから、今述べた言語システム内にあることはまぎれもありませんが、しかし同時に、それ自体で自律的に存在しているようにも感じられないでしょうか。そうしてそのようなものとして、言語システムの外部にみずからを反転させうる力があるというよう

にも。なぜなら固有名詞は、意味の媒介というものをあまり――というかほとんど――経由することなしに直接指示対象に結びつくからです。

（『詩のガイアをもとめて』思潮社、一二三頁）

恋の相手だってそうだ。他の人と比べて頭がいいから、他の人より優しいから、一緒にいて楽しいから、恋をするわけではない。とにかく、いきなり好きになってしまう。何の前触れもなく、「外部に反転してしまう」。理由はない。命名が恣意的である（どんな名前をつけてもいい）のと同じだ。これが恋愛だろう。

この現象は、あらゆる可能世界の外側からやってくるのだから、とてもこちらは、かなわない。問答無用の「離接的偶然」（何がおこるか、こちら側では決して選べない）なのだ。まったく手がかりのない偶然であり、いわば襲撃である。だからこそ恋愛の対象は、われわれの世界から超越しているといえるだろう。もし、この世界内部での出来事であったなら、その理由も、そこそこ推測できる。相手の性質の束のなかから、好きになった根拠を見つくろうこともできるだろう。

しかし、この現象には、理由も何もない。それが非常に困るのだ。その超越した対象（好きになった相手）から、われわれは多大な影響を受けてしまう。恋をすると、世界は、バラ色に輝く（何という通俗的な比喩だろう）。もちろん、逆に地獄と化すこともあるだろう。超越した対象の顔色一つしぐさ一つで、こちらの世界は千変万化していく。

また、相手が超越すると同時に、こちらも絶対的な存在となる。その相手に根本的に左右されながらも、無数の人のなかに埋もれた一個人（他の人との関係で役割が決まる人類の一員）ではなく、「固有名」をもった突出した〈私〉となるのだ。生きている意味を初めてつかんだという気にもなる（たぶん、錯覚だけれども）。このように、対象の超越化とともに、自己の絶対化がおこるのが、恋愛という奇妙な現象である。

さて、今回は、「崇徳院」という噺だ。

大店《おおだな》の若旦那が、このところ病気で寝こんでいる。食事も喉を通らない。だんだんとやせ細っていく。親父さんが心配して、いろんな医者に見せているが、病名もわからない。あと五日の命だという。すると、ある医者が、「これは、気の病で、何か心に思いつめていることが原因ではないか」といったので、番頭と一緒にいろいろ聞きだそうとするが、どうしても答えない。幼い頃からよく知っている熊さんだったら教えるというので、熊さんを呼んで訊いてくれと頼んだ。

　熊さんが離れにいる若旦那のところに行くと、本当に弱っていて、葬儀屋やお寺さんに連絡した方がいいくらいだ。熊さんが聞きだそうとすると、「笑わないでおくれ」といわれる。わかったというと、若旦那は、「恋煩《わずら》いだ」という。熊さんは、一回だけ笑わせてくれといって笑った後で、事情を尋ねる。

　二十日ばかり前に、上野の清水さまにお参りに行ったら、茶店に、お供の女中を三人つれたお嬢さんが腰をかけた。水もしたたるようないい女で、若旦那は、一目惚れしてしまう。向こうもこちらをじっと見つめていた。

　しばらくして、お嬢さんが立ち上がって、店を後にするとき、茶袱紗《ちゃぶくさ》を落とした。若旦那は、それを拾って、お嬢さんに手渡す。すると、お礼をくれた。短冊に「瀬を早み岩にせかるる滝川の」と書いて、こちらに渡してくれた。下の句が、「われても末に逢はむとぞ思ふ」という崇徳院の歌だ。これ以来、若旦那は、恋煩いになったというわけだ。何を見ても、あのお嬢さんに見えてしまう。ただ、熊だけは、そう見えない。

　この話を聞いた熊さんは、じゃ、その娘さんを探せばいいと安請け合いしてしまう。若旦那の父親のお店の主人は、もし見つけたら、熊さんを今住んでいる三軒長屋の大家にして、借金も全部なしにしてくれるという。そのかわり、五日以内に見つからなかったら、息子の仇だといって熊さんを訴えるという。

それから、湯屋や床屋にさんざん行って、「瀬を早み岩にせかるる滝川の」と大声でがなり立てつづけた。ついに、五日目、三十六軒目の床屋で、出入りのお店のお嬢さんが、恋煩いでふせっているという鳶の頭《かしら》がやってくる。こっちも、そのお相手の若旦那を探しまわっていたというわけだ。やはり、「瀬を早み岩にせかるる滝川の」という崇徳院の歌が手がかりだった。

やっと探している相手が見つかった、熊さんと頭は、相手に詰め寄り、自分のお店《たな》の方にこいと取っ組みあいをする。もみあっているうちに、床屋の鏡を割ってしまう。床屋の主人が、「何してんだよ」と怒ると、頭はすかさず、「心配するねえ。割れても末に買わんとぞ思う」

相手のお嬢さんの性格も家も名前も何もかもわからない。それでも一目見ただけで、若旦那は惚れてしまう。しかも、余命五日までになってしまうほどに。「一目惚れ」というやつだ。これこそ恋愛の典型的な例だろう。

もし恋の始まりが、相手の性質の束によるのなら、こんな荒唐無稽な噺はない。好きになる理由が、どこにもないんだから。こんなわけのわからない「恋煩い」はありえないだろう。でも、そんなことはない。いかにもありそうな話だ。ちょっと極端ではあるけれども。

「恋煩い」と「みかん」について、次回も、こんな風に考えてみたい。

10

恋愛とみかん（2）

結晶作用

「崇徳院」

熊さんは、さんざん探しまわって、やっと床屋で、こちらも恋煩いになったお嬢さんの相手を探していた鳶《とび》の頭に出会う。熊と頭は、相手につめより、自分のお店《たな》の方にこいと、取っ組み合いをし、床屋の鏡を割ってしまう。床屋の主人が「何してんだよ」と怒ると、頭が「心配するねぇ。割れても末に買わんとぞ思う」

「恋煩い」という言葉があるように、恋は病だ。恋愛へと向かわせるある種の欲望（情熱？）が、初めにはあったようなのに、恋に落ちると、実に不思議なことに、すべての欲はなくなってしまう。食欲も、性欲も、睡眠欲も、何もかも衰弱してしまい、ただただ死に向かっていく（ような気がするのは私だけだろうか？）。

そもそも恋愛のエネルギーというのは、どこにあるのか。前回もいったように、こんなエネルギーは、必要ないのではないか。

「崇徳院」の若旦那も、医者から余命五日といわれるくらい患っている。ただごとではない。熊さんのいう通り、葬儀屋やお寺さんに連絡した方がいいくらいなのだ。しかも、欲望の衰弱、肉体の衰微だけではない。それとともに、精神は狂気を帯びていく。恋愛は、「死に至る狂気」とでもいうべき恐ろしい様相を呈し始める。

わたしたちは恋の情熱にとり憑かれたとき、自分の振舞いが〝常軌を逸している〟ことをよく知っているが、その理由を人にうまく説明することができない。にもかかわらず、自分の振舞いがこの上なく明瞭な「意味」をもっていること、またそれが疑いなくある「よきもの」に属しているという確信をはっきりと握っ

ている。また、この狂気が自分の生にとって並ぶものなき重要性をもつということを、人は動かしがたい明瞭さで〝知っている〟のである。

（竹田青嗣『恋愛論』ちくま学芸文庫、三二頁）

狂気につつまれ、尋常じゃない行為に駆りたてられながら、それと同時に、日常のつまらない生活ではありえない〈何か〉が始まる。世界全体が、「バラ色」に輝く。やっと生きる意味がわかったような気になる。

恋愛において人は、自分の存在の意味が、社会的な関係におけるのとはまったくちがった仕方で、絶対的に満たされるかもしれないという予感に満たされる。恋愛の結晶作用は、この異例の可能性への予感を伴っているのだ。この予感は独特の道を通ってやってくる。それをわたしは、「恋人の美」と呼ぼう。

（同書、五九頁）

しかし、根拠のない狂気に襲われているのだから、解決の糸口はない。相手との合一以外には。しかし、これは、人間が個々別々に存在するということこの世界の原理に違反する。この恋の凶暴な非合理性は、不条理なこの世界に投げこまれたのとまったく同じことだ。ハイデガーなら「被投性」というだろう。何だかよくわからないままこの世界に参加しなければならないように、われわれは、恋愛においても突然〈そこ〉に投げこまれる。一度投げこまれると、恋愛状態は、否応なくつづいていく。

> 主人公たちは、自分がなぜその相手に強く惹かれるのかを言うことができない。が、恋する人に魅かれ、ひと目見、口をきき、その身体に触れたいという自分の欲望に、躊躇や疑惑を抱くことは決してない。その欲望の「意味」は、たとえうまく言葉にはできないとしても、ほかのどんな行為の意味よりも明瞭なのだ。しかもそれは、他の一切の行為に優先し、最も重要で最も切実なものとなる。「恋の義務」は、まさしく一切を犠牲にせよと命じるのだ。
>
> （同書、四七頁）

すでに竹田の引用にもでてきたように、スタンダールは、恋愛を「結晶作用」といった。

私が結晶作用と呼ぶのは、目の前にあらわれるものの全体から、愛する相手が新たな美点をそなえているという発見を引き出す精神の作用のことである。（中略）友人のひとりが狩りで腕を骨折したとする。すると愛する女の手当てを受けられたらどんなにうれしいだろう、と想像する。いつもいっしょにいて自分を愛してくれる女の姿をたえず見ていられるなら、痛みだって祝福したいくらいだろう。そうして恋する男は友人の腕の骨折から出発して、恋人の天使のような優しさをもはや疑わなくなる。つまりある美点を思うだけで、愛する女の中にそれを実際に見るようになる。

（『恋愛論（上）』杉本圭子訳、岩波文庫、二七〜二八頁）

恋の相手は、この世界から「超越」している。下界のもろもろの出来事とはかかわりなく、こちらをじっと天上界から見つめている。実際の顔や性格は、もはやどうでもいい。すべてが、美しく最上なのだ。〈その人である〉だけでいい。スタンダールは、「結晶作用」という語に、註をつけてこういう。

私の見るところ、この恋と呼ばれる狂気の主要な現象を表す「結晶作用」の語がないと――もっともこれは、人間という種がこの世で味わう最大の喜びを与えてくれる狂気なのだが――この語を使わないと、長々しい婉曲表現でいちいち言い換えなければならないし、恋する男の頭や心の中で起こっている出来事を描写するのは、著者の私にとってすら難解で、重苦しく、退屈だっただろう。ましてや読者にはどう思われたことか。

（同書、三四～三五頁）

「最大の喜びを与えてくれる狂気」というのが、恋愛の最も適切な定義だといえるだろう。若旦那も死に一歩いっぽ近づきながら、茶店で会ったお嬢さんのことを思うとき、天にも昇る歓喜を感じていた。その証拠に、掛け軸もだるまも鉄瓶も、何もかも、お嬢さんに見えるくらいだから。熊さん以外は。

竹田は、「結晶作用」について、つぎのようにいっている。

当の相手のしぐさ、身振り、表情、スタイル、言葉、それらのことごとくが美的な感嘆とともに見出されること。恋愛の結晶作用は、まずこの美的な結晶作用からはじまる。(中略)恋愛の体験はひとつの異界体験である。それは人間を日常世界からもうひとつの名づけがたい世界へと越境させる。スタンダールが結晶作用と呼んだこの出来事の中で人は、まさしくこの世界の変容を体験する驚きに出会う。

(『恋愛論』四九頁)


恋煩いに罹《かか》ってしまうと、普段の論理とは、まったく異なる論理〈とはいえないもの〉にわれわれは支配されてしまう。「異界」に迷いこむ。〈その人〉じゃなければならない。ほかの人で代替は決してできない。恋愛においては、この〈かけがえのなさ〉〈とり換えがたさ〉こそが、感情の核をなす。どれほど容姿にすぐれ、心根がはるかによくても、〈その人〉でなければ話にならない。

どれほど多くの異性(あるいは、同性)がいようとも、ぞっこんほれ込んだ一人の人にしか目がいかなくなる。これが、「恋煩い」だ。熊さんが、同じくらい様子のいいお嬢さんを連れてきても、若旦那は、絶対に納得しないだろう。茶店で出会った〈あの人〉でなければならないのだ。

この女でなくてはならない。あの人以外を愛することができない。こういう感情は、周りの人間から見ると〃不条理〃である（＝馬鹿げている）。夢中になった人間に対して人々は、熱病から醒《さ》めれば気づくだろう、と言う。また恋から醒めたのち、なぜあんなに夢中になったのかと一度も思ったことのない人間は稀だろう。

しかし、この「とり換えがたさ」の確信こそは、恋愛の最も重要な核心である。恋愛からこの要素が減じていくほど、恋愛はそれが恋愛たる所以を失う。この恋人の「とり換えがたさ」の感情を、恋愛の「絶対感情」と名づけよう。

（同書、一四二頁）

しかし、この〈かけがえのない〉〈とり換えがたい〉相手と合一してしまうと、もはや恋ではない。相手と身も心も一致したいと思う。だが、もしそれが実現してしまうと、もはや恋愛ではない。何といっても、二人の人間がひかれあうのが恋なのだから。この狂気は、決してたどり着くことのない地点を激しく目指す「絶対感情」だといえるだろう。
九鬼周造が、『「いき」の構造』で分析した「媚態」と「意気地」という二つの要素は、この事情を見事にいいあてている。

媚態の要は、距離を出来得る限り接近せしめつつ、距離の差が極限に達せざることである。可能性としての媚態は、実に動的可能性として可能である。アキレウスは「そのスラリと長い脚で」無限に亀に近迫するがよい。しかし、ヅェノンの逆説を成立せしめることを忘れてはならない。けだし、媚態とは、その完全なる形においては、異性間の二元的、動的可能性が可能性のままに絶対化されたものでなければならない。

（岩波文庫、二三頁）

ひかれあい、合致したいと思っても、現実にそうなってしまっては、元も子もない。相手がいるからこそ、ひかれあうのだ。そして、「媚態」の本質を背後からしっかり支えるのが、「意気地」である。

「野暮は垣根の外がまへ、三千楼の色競《くら》べ、意気地《いきじ》くらべや張競べ」というように、「いき」は媚態でありながらなお異性に対して一種の反抗を示す強味をもった意識である。

（同書、二四頁）

恋愛が恋愛として成りたつためには、「異性間の二元的、動的可能性が可能性のままに絶対化」されなければならない。もちろん、恋煩いは、一体となることを目指すがゆえに発病するのだが、煩いつづけるためには、可能性のまま終わらなければならない。「意気地」がなければならない。好きでたまらないのに、ときには知らないふりも必要だ。恋愛とは、なかなか合理的ではない、とことん難しい経験である。

「われても末に逢はむとぞ思ふ」といいながら、実際に「逢ったら」おしまい。「われたままで」ぎりぎりまで近接し、逢わないまま離れていなければならない。それが恋愛なのだ。恋愛すると、その相手に会いたくてしょうがないのに、実際会ってしまうと、相手を前にして何をしていいかわからない。いたたまれなくなって、とにかく相手のいないところに行って安心する。だから、相手との幸福な〈恋愛〉などというものは、この現実世界には存在しないといっていいだろう。「幸福な恋愛」という語は、語義矛盾なのだ。

恋愛という状態が純粋なまま維持されるのは、とてつもなく困難なのである。そもそも恋愛という状態は、心身をまるごと侵食する病なのだから、とりあえず、そこから脱けた方がいい。そのために人は、恋の相手と「つきあう」。現実的にデートしたり、相手の身体に触れたり、挙句のはてに「結婚」などという選択もしてしまう。そのことによって、病気を一気に治してしまうのである。

実際につきあうことによって、超越的な対象であった相手は、この現実界に降りてきて、どこにでもいる普通の人間になってしまう。それに、結婚なんてしてしまうと、とんでもない。これは、新たな他者経験であり、恋愛とはまったく別物だ。そこには、深いふかい新たな困難が立ちふさがる。

そもそも結婚は、法律的な制度であり、恋愛とは、概念もあり方も根本的にちがう。恋愛から結婚に移行するわけがない。恋愛は心身の状態（重篤な病）であり、結婚は制度上の生活の一大変換なのだから。病気になったら入院する。恋愛したら結婚する。「病気」

と「病院」がちがうように、「恋」と「結婚」は、異次元の概念同士なのだ。

このように考えるならば、どうにか、この現実の世界に純粋な状態で恋愛が存在するのは、「片思い」と「遠距離恋愛」くらいだろう。この二つは、恋人同士の接触がないから、苦しい恋はつづいていく。「崇徳院」は、このような純粋培養された恋の特徴をよくそなえている。いってみれば、恋煩いの本質を、その萌芽状態でとらえた稀有の噺といえるかもしれない。

「われても末に逢はむとぞ思ふ」状態が一定期間つづく。この期間に、他の人たちも巻きこんで、恋愛という状態が、大がかりに表現される。熊さん（若旦那）と頭《かしら》（大店のお嬢さん）という具体的な人間が「逢はむとぞ思ふ」という恋の状態を、人探しで走りまわって表す。

若旦那とお嬢さんの二人の引き裂かれた立場からすれば、この期間は、完全な「片思い」であり、相手がどこにいるかわからないという究極の「遠距離恋愛」になっている。何といっても、恋愛は、逢わないうちが花なのだから。

すみません。ついつい熱が入ってしまった。「みかん」の話は、次の章でということで……。

11

恋愛とみかん（3）

恋の三角形

「お直し」

歳をとった花魁《おいらん》と、いい仲になった店の男衆が、いろいろあっておちぶれて、ケコロといわれる危険な場所で、新しい店を始めた。店にでるのは女房で、客引きがその旦那だ。ところが、自分の女房が客といい感じで話をしていると、男の方は、焼きもちをやいて我慢ができない。何度も「直してもらいなよ」という。最後は、その客からお金ももらわないで帰してしまう。女房と二人っきりになると、旦那が文句をいいはじめ喧嘩になる。いいあらそった後に仲直りをしていると、帰ったはずのお客が戻ってきて……

恋愛というのは、まったく知らなかった他人同士が、何かのきっかけで深い関係を結ぶ、あるいは、そんなかかわりを結ぶ前の独りよがりの幻想世界への陥没といえるかもしれない。前回も話したように、純粋な「恋煩い」は、ある意味で独我論的妄想だからだ。

しかし、そもそもなぜ「他者」が「こちら側」に入ってくるのか。どうして、まったく知らない人とつきあう（精神だけでも）ことができるのだろうか。恋愛という、「こちら側」への「他者」の問答無用の侵入は、いかにして可能なのか。

初めて日本独自の哲学を築きあげた西田幾多郎は、つぎのようにいう。

我々の自己の底に絶対の他として汝というものを考えることによって、我々の自覚的限定と考えるものが成立するのである。斯《か》く私が私の底に汝を見、汝が汝の底に私を見、非連続の連続として私と汝とを結合する社会的限定という如きものを真の愛と考えるならば、我々の自覚的限定と考えるものは愛によって成立するということができるであろう。

（西田幾多郎「私と汝」『西田幾多郎哲学論集Ⅰ』岩波文庫、三四二〜三四三頁）

私の底には「汝」がいて、汝の底には「私」がいる。私たちは、つねに自分の底に「他者」を抱えもつ。だからこそ、その通底している「底」同士が結びつくことにより、「愛」が生まれるというのだ。

もし、私が私だけであり、汝が汝だけであるならば、そもそも関係は生まれない。それぞれが小さく自己完結した個人であるならば、バラバラな孤島が、点在しているだけになるだろう。孤島は、深海という「底」によって、実は、つながっていなければならない。その「深海」こそ、他者なのだ。

海面では非連続の「われ」「われ」が、海底では「われ＝われ」と連続している。ただし、その連続は、自己のなかに「絶対の他」を見、「絶対の他」のなかに自己を見ることによってなのだ。「自」と「他」という、もともとは結びつかないものが、矛盾しながらも表裏一体をなしている。そこに「真の愛」があると西田はいう。

たしかに、われわれは、自分自身をまるごと理解しているわけではない。よくわからない部分が、ほとんどだ。フロイトが「無意識」と名づけたものだけではなく、「意識」のレベルでさえも、よくわからない。われわれは、何かを意識しようとして、意識しているわけではない。つぎつぎと意識は流れていく。こちらの意志とはかかわりなく、何かをつねに考えている。

その意志ですら、まったくコントロールできない。ギルバート・ライルが『心の概念』のなかでいったように、「意志」の存在は確認できない。もし、何かを意志しているとしたら、その意志をも意志しなければならなくなるだろう。「意志」は、無限に後退していく。私たちは、意志などせずに行為しているだけなのかもしれない。

心だけじゃない。身体のことは、もうまったく「他者」そのものだ。この身体を構成する無数の細胞の働きは、われわれとはかかわりなく、実に自由だ。勝手にやってくれている。しかも、かなり正確に、とても有能に。

こうした「他者」によってできあがっているのだから、どうして恋をするのかというのは、われわれの「底」にある「他者」(である「自己」)の都合によるとしかいえないかもしれない。同じ「他者」の領域で、もともとつながっている(矛盾しながら表裏一体をなす)というわけだ。そして、その影響からか、孤島であるはずの「私」と「あなた」も、恋に陥ると一緒になろうとする。不可能を可能にしようとする。

つまり、「恋」において、自己が求めるのは、他者をわかりえない他者として存在せしめる、その「他者性」である。片割れ同士が片割れ同士として、自己は自己性のままに、他者は他者性のままに合同すること、自他の分離を失うことなく合同することこそ、「恋」の最終目標である。そして、その合同によって自己は、かつての「全きもの」に復帰する。

（宮野真生子『なぜ、私たちは恋をして生きるのか』ナカニシヤ出版、七六頁）

そう、これが、恋の最終目標なのだ。バタイユも、「エロティシズムは、死に至るまでの生の称揚」といったではないか。「恋」と「エロティシズム」の関係は、なかなか微妙だが、恋愛にまつわる関係が、最終的に「死」に向かうことは明らかだろう。生きているのであれば、どうしても個々別々の人間として存在しなければならないわれわれが、相手と合一（恋の最終目標）しようとするなら、「死ぬこと」しか現実的な手段はない。そうしなければ、不可能は可能にならないのだから。

宮野は、有島武郎の自死について、つぎのように書いている。

一致の刹那は永遠ではない。そのことに気づいていたからこそ、有島も、愛の一致を「感激」や「頂点」あるいは「有頂天」というような、瞬間的な爆発にたとえたのではないか。互いに奪い合いながら失わないことがあるとすれば、それは一致の刹那を除いてありえない。そして、その刹那を永遠にしようとするなら、「死」という究極の瞬間に至るよりほかない。

（同書、一八〇〜一八一頁）

死ぬ前に、結婚や同棲などを始めれば、相手のあらが見えて現実に引き戻される。独我論的妄想が、現実の生々しさによって、打ち破られるだろう、ありがたいことに。こう考えると、恋煩いは、いずれにしても（独我論の世界で患うにしても、最終目標を達成するにしても）、「死に至る病」であり、危険な出来事なのだ。

でも今回は、こんな深刻な話をする予定ではなかった。さらっと三角関係をテーマにしたかっただけなのに、うまくコントロールできなかった。「私とは、他者だ」（アルチュール・ランボー）からか？

恋が冷めても、ふたたび、恋が始まることだってある。ようするに、熱のこもった恋愛の後で一緒にいる二人（同棲とか、結婚とか）のあいだに、他の人が入ってくると、事態はがらっと変わるという話だ。恋とはちがうが、何とも言えない感情が芽生えてくる。あるいは、恋の始まりから、すでに三角関係だということもあるだろう。

「お直し」は、こんな噺だ（花魁《おいらん》が絶品の志ん朝ヴァージョンで）。

花魁も歳を重ねると、若い綺麗な娘にはかなわない。若い時は、店でいちばんだった花魁も、歳をとり客がつかなくなると、気持もまいってくる。客が一人もつかない（お茶をひく）と、店の主人に詫びをいわなければならない。心が落ちこんでいるのに、身体も壊したりすると、ますます弱ってしまう。そんな花魁が、店の男衆に親切にされると、惚れてしまうのは必然だ。そして深い仲になる。

案の定、この世界が長い主人にばれてしまい、二人は呼びだされる。主人に、証文を巻く（借金をちゃらにする）から二人一緒になってこの店で働きな、と優しい言葉をかけてもらう。二人は近所で所帯をもつ。花魁は名前が変わって〝おばさん〟となり店にでる。客と花魁の仲介役だ。亭主は店の前で客引きをし、客を引っ張りこむ。なかに入ると、おばさんが、その客から、有り金全部巻き上げる。こうやって、二人でせっせと働いていた。

入るばかりで出銭がないから、お金も貯まり余裕がでてきた。

そうなると、女の方はさらに稼ぐが、男の方は、女遊びを始める。吉原はもちろん避けて、千住の遊郭に足しげく通うようになった。二、三日家をあけ、店にでなくなる。今度は、博打にも手をそめ深みにはまってしまう。そこらじゅう借金だらけになり、家のものも売り払ってしまう。女房も店にでづらくなって、二人とも辞めてしまった。お金がまったくなくなって、亭主を問い詰めると、「目が覚めた」という。今さら、目が覚めたっていわれても、どうしようもないところまできてしまった。

亭主は友達から、ケコロの店（客を蹴飛ばして店に入れる）が一軒あいているから、やってみないかといわれたという。女房は、店は借りられても、若い衆や女はどうすんだい、と訊くと、若い衆は俺がやるという。じゃ、女はどうすんだい、と訊くと、お前がやんなよという。私はお前さんの女房じゃないか、いやだよというと、お前は元花魁なんだから、羅生門河岸（ケコロ）にいる女から見れば、掃き溜めに鶴だよと口説いた。

女房は、ケコロでは、線香一本いくらっていうんだ。客を引きとめるために、私がいろんなことといってるときに、お前さんが「直してもらいなよ」（延長ですよ）っていって、二百文、四百文、八百文って上げていかなきゃなんないんだよ。私が客と話してんのに、やきもちなんか焼いちゃいやだよ、と念を押して店にでた。

吉原の裏の方の細い路地に店はある。土間と二畳の畳の間しかない。「羅生門河岸」（鬼がでる「羅生門」のようなところ）といわれるくらい恐ろしいところだから、誰も近づかない。何も知らない奴か、酔っ払いしか通らない。数少ない客から、手荒なまねをして、ふんだくらなきゃならない。

路地をがっしりした酔っ払いが歩いてきた。亭主は、たもとに手を突っ込み、連れこもうとする。「触るな、手だすな。気に入れば、自分で入るよ」とその酔っ払いはいう。店の女を見て、あまりの美しさにびっくりする。「お前みたいな女が、どうしてこんなところにいるんだ。訳ありだな。情夫《まぶ》がいるんだろ？　好きな男がいるんだろ？」という。女は、「ここにいるだろ」とその酔っ払いを指して、いい気分にさせる。男は、その気になって、「俺と一緒にならないか」というと、「本気にしちゃうよ」と答える。

「俺は、左官の職人で、気に入った女がいなかったから、かみさんはいないんだ」と男がいうと、「四十両借金がある」と女はいう。「四十両もってくれれば、一緒になれるんだな」と男がいう。外から、亭主が大きな声で「直してもらいな」

「一緒になって、湯から帰ってきて差し向かいでいっぱい呑もう。夫婦喧嘩はよそうな」「いや、お前さんだったら、半殺しの目にあっても……」と客と女は話す。
「直してもらいなよ」と亭主がいう。

客の男は、「今度は、明後日くるからな」といってでていく。その客からお金をとらない亭主に向かって、「お前さん、お金をとんなさいよ。どうしたの？　そんなとこにしゃがみこんじゃって」というと、「やめだ、馬鹿馬鹿しくってやってられない。あいつのとこに行くのか」と怒っている。「お前さん、焼いてんの」と訊くと、「いや、焼いてはしないけど、いやあな心持ちがするんだよ」などという。さんざん喧嘩した後で、二人は仲直りし、男に優しくされた最初の頃を思いだし、「俺たちゃ一心同体だよ」などといっていると、先の客が戻ってきて、なかを覗いて「直してもらいなよ」

ルネ・ジラールは、恋愛や欲望は、つねに三角形をなすという。誰かを好きになるのは、その相手とは別のもう一人の人物の影響が大きいというのだ。

嫉妬や羨望は三重の存在、つまり対象の存在、主体の存在、嫉妬したり羨望したりする相手の存在、といった三重の存在を前提としている。

この恋する男が梯子の階段に自分の重みをかけた時、その瞬間彼が考えをはせるものは、女たちの夫、女たちの父親、女たちの許婚者、つまりライバルに対してであって、露台《バルコン》で彼を待つ女に対してではない。

（『欲望の現象学』古田幸男訳、法政大学出版局、一二二頁）

（同書、一二三頁）

純粋な恋愛が終わり、安定した関係にあった相手が、他の人間と恋愛に陥ると、とたんにその相手に、もう一度、恋愛感情と似たような気持を抱いてしまう。あるいは、そもそも、自分がとても好きな友達が愛している人を、こちらも好きになる。三角形を自ら創って、そこに入りこむ。たとえば、小林秀雄と中原中也と長谷川泰子との有名な三角関係を、鹿島茂はつぎのようにいう。

では、中原が自分の「不倶戴天の仇敵」であることを（小林は——引用者）どうやって中原に知らせたらいいのだ。ペンでもってコテンパンにやっつけても何の効果もないだろう。なにしろ、天才なのだから。どんな切っ先するどい刃《やいば》だろうと、奴の揺らぐことのない自我にぶつかったら、こなごなに砕けてしまって、擦り傷ひとつつけられないだろう。

となったら、残る道はひとつしかない。奴の自我を無理やり二つに引き裂くために、奴の女との仲を引き裂いてやるしかない。

（『ドーダの人、小林秀雄　わからなさの理由を求めて』朝日新聞出版、六八頁）

詩人としてはとてもかなわない中原中也とつきあっている長谷川泰子と、同棲してしまう小林のなかには、無意識にではあれ、中原に対する嫉妬が存在していたのかもしれない。さすがに鹿島が書くほど単純ではないだろうが、こういう一面があったことは、否定できないだろう。

ルネ・ジラールはいう。

虚栄心を持った男がある対象を欲望するためには、その対象物が、彼に影響力をもつ第三者によってすでに欲望されているということを、その男に知らせるだけで十分である。

（『欲望の現象学』七頁）

一度は詩人か小説家を目指した小林秀雄にとって、生来の詩人である中原中也は、とてもまぶしく理解を絶した才能だったにちがいない。しみじみとした名篇「中原中也の思い出」のなかには、この思いが切実に語られている。

さて、「お直し」に戻ろう。この噺では、そもそも最初の段階から、三角関係が潜んでいる。この花魁には、なかなか客がつかなくなり、この若い衆と仲良くなる。ここには、不在の客と花魁と若い衆の三角関係があるといえるだろう。この関係は、廓《くるわ》噺では、つねに前提されている。「文《ふみ》違い」「三枚起請」など枚挙にいとまがない。いつも、ただの客と本当に好きな男（情夫）との三角形だ。

ここでは、お茶をひくようになり、客が存在しないので、ある意味では二人だけの純粋な恋愛関係のようにも見えるが、やはり背景には、三角関係があるといってもいいだろう。何といっても、ここは吉原なのだから。

そして、二人が所帯をもって一緒に働き始めると、最初はうまくいく。しかし、途中から、今度は男の方に千住あたりに女ができる。ただし、これもその女性は、最後まで不在であり、この三角関係が、たとえば「三者面談」といったかたちではっきり現れることはない。最初の三角関係と同じで、一つの角は、「不在」なのだ。

こう考えると、この噺は、最後のさげに向かって、二つの三角関係が伏線になっていたことに気づく。しかも、男女のちがいはあれ（不在の客と千住の女）、「不在の一角」をもつ三角関係だ。そして、この「不在」が、最後の三角形で現実化し反転する。

ケコロの店では、最初の三角関係では、不在だった客がはっきり現れ、亭主の前でいちゃいちゃする。しかも、顕在化した「一角」にふさわしい体格のいい左官だ。商売のためとはいえ、旦那は我慢できない。とてもわかりやすい三角形である。最初の二つの潜在的な三角形が、背景としてほどよく効いているといえるだろう。

そして、最後は、ただの客と情夫が役柄上入れ替わり、「直してもらいなよ」と客がいう。三角形の二角が、最後の最後に一瞬だけ入れ替わり、噺は終わる。ジラールのいう「欲望の三角形」を、三種類用意しといて、最後にちょっと細工をした。

いかがだろうか。見事な終わり方ではないか。

「みかん」は？　すみません、次回こそ絶対に。

12

恋愛とみかん（4）

果物超越譚

——「千両みかん」

大店の若旦那が病気になった。気の病だという。番頭が患った理由を尋ねに行くと、若旦那は「みかんが食べたい」という。「わかりました」と番頭は安請け合いしてしまう。主人にそう伝えると、夏にみかんはないことを指摘され慌てる。しまったと思ってももう遅い。絶対にみかんを見つけてこいと厳命され、必死で探しまわる。すると一軒の問屋にみかんがあったが、千両だという。主人にそのことを伝えると、「千両で息子の命が助かるのなら安いものだ」といって、千両みかんを手に入れる。そのみかんを若旦那はゆっくり食べ、食べ残した三袋のみかんを両親とおばあさんにといって番頭に渡す。その三袋をもって、やけになった番頭は、どこかに行ってしまう。

長崎県の諫早《いさはや》在住の作家に野呂邦暢《くにのぶ》という人がいた。先日直木賞をとった佐藤正午（佐世保在住）に影響を与えた人だ。この人の作品に「白桃」というのがある。白い桃を中心に年若い兄弟の感情の襞《ひだ》が微妙に揺れうごいていく。白桃は、この短篇小説のいわば「不動の動者」のような役割を演じている。世界は白桃に支配され、そのまわりを人間たちが右往左往する。白桃の描写をみてみよう。

皿にのっている桃のたっぷり水気をふくんだ果実の表皮にはうすいにこげのようなものが生えている。みつめているうちに金色に輝く桃の内部にはあたかも一つの光源があって、そこから淡い透明な光が外にひろがり、テーブルを明るくしているような感じさえしてくる。

（『白桃』みすず書房、一〜二頁）

桃からは、光が溢れている。テーブルを明るくし、その前にじっとたたずむ二人の内部を射抜く。この白桃は、後半で、兄弟の帰途をつつむ月と照応している。月光が夜の片隅を照らすように、白桃は登場する人物の心情をレントゲンのように透かしていく。白桃も月と同じように、地球には属していないかのようだ。

さて、丸善の絵本のお城の頂きにそっとのせられたのは、檸檬《レモン》だった（梶井基次郎によって）。それは、「黄金色に輝く恐ろしい爆弾」である。そこにある書籍群とは、まったく異質の鮮やかな黄色い爆弾が、古今の知識や作品をことごとく爆破してしまう。何と鮮烈な夢想であり切断だろう。この世の秩序や統一を、檸檬は一瞬にして崩壊させる。この檸檬が、異次元から丸善へ侵入してきたのは明らかだろう。

芥川龍之介の「蜜柑」は、どうだろうか。沈鬱な主人公を、なんでもない蜜柑が卒然と変化させる。娘も主人公も、それ自身は何も変わらないのに、汽車の窓から蜜柑が放たれたとたんに、すべては一変してしまう、不思議なことに。「心を躍らすばかり暖《あたたか》な日の色に染まっている蜜柑」によって、車内はひととき異世界に変容する。この短篇では、果物の底知れない威力が存分に発揮されているといえるだろう。

いずれも果物は、超越的なものとして登場する。まるで、この世のものではないかのようだ。たしかに果物は、他の事物と同じように、この現実世界に存在している（しかも、かなりひっそりと）。だが、色鮮やかな果物という異物は、この世の枠内には、おさまってはいない。

そもそも果物のあり方はとてつもなく不思議である。穀物や野菜などとちがって、かならずなければならないわけではない。食べなくても、われわれは充分生きていける。ようするに、食べ物として斜に構えているのだ。動物でいえば、（どう考えてもエイリアンである）昆虫に似ている。

とても美味しいのに、余所者のたたずまいをし、存在も無駄に美しい。果物のような原色が、われわれの世界に必要だろうか。原色のみならず、艶《つや》っぽいのは、なぜか。水がしたたるのは、いかなる理由か。梨はなぜあんなにみずみずしいのか。しかも形も、いずれの果物も堅固で有無をいわせない。孤島に住む厳《いか》めしい王のようだ。柿はどうか。あの硬さは、頑なすぎないか。パイナップルは、いかにしてあの面妖《めんよう》な形態を身にまとってしまったのか。

今回は、このような果物が、世界から超越し、一人の若者（若旦那）を翻弄し、もう一人の若者（番頭さん）を破滅させる物語である。しかも、夏の暑い盛りに。

「千両みかん」は、こんな噺だ（枝雀、小三治、志の輔のこってりした話し方も捨てがたいが、今回は、あっさり味の「志ん生＋志ん朝」ヴァージョンで）。

ある大家《たいけ》の若旦那が病気になり、食事もしなくなりどんどん衰弱していく。親御さんも大層心配して、いろいろな医者に診てもらうが、原因がよくわからない。ある名医が「どこも悪いところはない。これは気の病で、何か心に思っていることがある。その思っていることをきだして、叶えてやれば病気は治る」という。そこで、父親である主人は、番頭の佐兵衛を呼んで、「お前は十三の時から奉公にきていて、小さい時分から倅《せがれ》の面倒をよく見てくれた。お前さんには、倅もいろいろ相談もしている。何を思いつめているかきだしてくれないか」と頼んだ。

若旦那のところにいって訊いてみると、「いっても、どうせ叶わないから、いわずにこのまま死んでいくよ。いってしまうと、叶えてやれないからといって、お父つぁんまで死んでしまう。いうも不孝、いわぬも不孝だ」という。「話してくださいよ。なるほど叶わないってわかってから、死んでも遅くはないじゃないですか」などといって、番頭が我慢強くききだすと、ようやく白状した。

若旦那は「みかんが食べたい」という。番頭は、「なんだ、そんなことなら私が買ってきますよ。座敷中みかんで埋めてあげますよ」とうけあう。若旦那は、「もし買ってきてくれないと、私は長くはないよ」という。

さっそく主人に報告すると、旦那は、難しい顔になって、「みかんが食べたい。それは、困ったねぇ。とんでもないことをいったもんだ。お前は、買ってくるといったのか」という。番頭は、「もちろんです。私が今みかんを買ってきますから」と答えると、「どこにみかんがあるんだい。お前、今何月だと思っているんだ」と旦那はいう。

「今は、真夏の土用の八月ですよ。夏の盛りにみかんがあるかい。どこにも売ってないだろう」。番頭は、はっと気づいたがもう遅い。「お前がいったん喜ばせたんだろ。今さらないといえば、倅はがっかりして死んでしまうよ。そうなればお前は、主殺しになる。磔《はりつけ》だ。きっと訴えてやるからそう思え。江戸中探してみかんを手に入れてくるんだ」といわれた。

　これは大変と思って、番頭の佐兵衛は、片っ端から果物屋に行く。「みかんありますか？」「今、何月だと思っているんです」「みかんありますか？」「あんた、いくつになるの？」「みかんありますか？」「うちは、金物屋だよ」といった具合に、この時節どこに行っても、みかんなんかありはしない。店の人から、以前見た磔の話をくわしく聞いて、気を失いそうになる。

　同情した店の主人が、神田多町《たちょう》の問屋街へ行けば、青物問屋の囲い物で、みかんがあるかもしれないと教えてくれた。何軒か問屋をまわると、ある問屋でみかんがある、蔵のなかで囲っているという。蔵のなかを探してみると、箱に詰まった腐った多くのみかんのなかから、一つだけ綺麗なみかんがでてきた。

大喜びした佐兵衛さんが、値段を訊くと、「千両」だという。「それは、高い」というが、問屋さんに一蹴される。「この一個のみかんのために、毎年、何箱も、蔵にみかんを囲っているんだ。高くはない」という。番頭さん、すぐに店に戻って旦那に報告すると「そりゃ、安いなぁ。倅の命が千両で助かるんだ。安いもんだよ」という。さっそく千両箱をもって、みかん一個買ってくる。

いわれのないお金は、びた一文ださない、あのしみったれの旦那が、みかん一つに惜しげもなく千両をだす。「若旦那、いいですか、このみかん千両ですよ。しっかりお食べなさい」と番頭はいって、みかんを若旦那にさしだす。

若旦那、ゆっくり食べていく。皮だって五両ぐらい、筋も二両、全部で十袋あるから、一袋百両だ。あぁ、百両食べちゃった、あ、二百両食べた……と、番頭さんは、食べるところをじっと見ている。喜んで食べた若旦那、三袋残して、これをお母さん、お父つぁん、そしてお祖母さんにあげておくれという（お祖母さんではなく、番頭さんに一袋あげるヴァージョンもある)。

その三袋のみかんをもって、部屋の外へでた番頭は、「俺が十三の時から奉公に来て、一所懸命働いて、来年、暖簾《のれん》分けしてもらう金がせいぜい三十両か四十両。よくくれて五十両が精いっぱいだ。このみかん三袋で三百両……。えーい、長い浮世に短い命、どうなるものかいっ」この番頭、みかん三袋もってどこかへ消えてしまった。

〔註のような補足をすれば（皆さん、枕で話します）、今は、一年中みかんを食べることができるけれども、当時はその季節のものしか食べることはできなかった。みかんは、冬の食べ物。今もみかんの旬は、冬。千両は、標準的な計算では、今の金額でいえば一億円くらい。志の輔は、計算方法や時期によって一億から八億円といっている〕

この噺は、構造といい内容といい、「崇徳院」と酷似している。ちがいは、思いつめる対象が、崇徳院はお嬢さんで、こちらは、みかんというところだけだ。「崇徳院」と「千両みかん」の似ている点を挙げてみよう。

①大店の若旦那が煩う、②医者に訊いてもよくわからない、③気の病だといわれる、④主人が息子からききだすために他の人に頼む（熊さん、番頭さん）、④病の原因を探しだせるとその頼まれた人がうけあう、⑤その原因となる人（物）を探すのが、実は容易じゃ

ない、⑥見つけだせず若旦那が死ぬと、主人から訴えられて死罪になるといわれる、⑦頼まれた人は、必死になって探す、⑧やっとの思いで見つける。

これだけ同じところがある。小三治や志の輔の話し方だと、番頭さんも恋煩いだと最初から決めつけ、若旦那も、まぎらわしい答え方をする。みかんの形容として「みずみずしい、柔らかな、ふっくらとした、肌のつやつやとした、肌理《きめ》のこまやかな」などという。

つまり、「千両みかん」の背後には、「崇徳院」がそのまま隠れているといっても過言ではない。ほとんど同じ噺なのだ。ただ、大きなちがいが二つある。一つは、もちろん恋い焦がれる対象が、一方は女性であり、他方はみかんだということ。もう一つは、千両みかんの方は、恋い焦がれる対象が、手に入った後のことも話されるということだ。

「崇徳院」が、純粋な恋愛を純粋なまま「真空パック」にした話だとすれば、「千両みかん」の方は、超越していた相手（恋愛対象）が下界に降りてきたところまで話してしまう。「崇徳院」では、若旦那とお嬢さんは、恋の煩いを抱えたまま話は終わる。「われても末に逢はむとぞ思ふ」といいながら、最後まで会わない。会ったのは、江戸中探しまわっていた熊さんと鳶の頭だけだ。若旦那とお嬢さんとの幸福な、あるいは、不幸な未来（純粋な恋愛が、純粋でなくなる状態）は描かれない。美しい清らかな恋愛話のまま終わる。

ところが、「千両みかん」では、みかんと若旦那は現実に出会ってしまう。これは、大きなちがいだ。若旦那は、病になるまで恋い焦がれたみかんを、この上なく美味しく頂く、七袋（七百両分）も。ゆっくりと食べていく。これは、恋愛の成就といっていいだろう。激しく恋していた二人（一人と一個）が、めでたく出会ったのだから。純粋な恋愛（一人で煩い苦しんでいた頃）の余韻のなかで、二人（一人と一個）が極上の幸福を味わっている。一体化できないはずの恋人同士が、一体となるのだ、胃の中で。

しかし、この幻のような幸せはかならず崩れていく。恋愛が幻想であることが、ここから見事に描かれていく。残りの三袋を前にした番頭は、大きな勘違いをする。みかん三袋を三百両そのものだと思ってしまう。このみかんが、千両だった（手にしているのは、三袋三百両分だが）のは、夏場のみかんだったからなのに。冬であれば、千両みかんもただのみかんであり、誰にでも買える安いものだ。みかんはみかんなのだから。みかんそのものに千両の価値があるわけではない。

夏という季節によってみかんは、千両になった。これは、恋愛も同じだろう。どんなに好きになり、どんなに超越した対象（アイドル＝偶像）になったとしても、相手はたんなる人間だ。それが、もろもろの理由（これが、結局よくわからないのだが！）によって、

「人間以上のもの」（恋する相手）になっただけなのである。幻想であり、大いなる勘違いだ。恋に落ちた人間にとって、相手は、とてつもない唯一無二の存在であるが、そうじゃない人にとっては、ただの人間にすぎない。他人の恋愛話が、どうしてもうまく理解できない（全然面白くない）わけがここにある。

みかんはみかんにすぎないように、人はただの人なのだ。当たりまえだけど。夏のみかんが非常に希少だから価値があると錯覚したように、好きになったからかけがえのない人だと錯覚する。しかし所詮、みかんはみかん、人は人だ（何度もいい過ぎだが）。恋という幻想が消滅した後は、その相手は、ただの「三十五億分の一」にすぎない。

このように考えれば、「千両みかん」は、「白桃」「檸檬」「蜜柑」のような果物超越譚（？）でもあると同時に、恋煩いの後の切なさ（実際につきあうことの困難さ、結婚生活の味気なさ、幻滅）を、番頭の逐電というどんでん返しで、ちょっとだけ垣間見せる秀逸な噺だといえるかもしれない。夜逃げのようにしていなくなった番頭は、この三袋のみかんを、どんな思いで食べるのだろうか。番頭の「その後」は、恋から覚めた人間の「その後」も表しているといえるだろう。

「みかん」「みかん」とかなり引っぱった割には、あっさりとした落ちだった。

13

死について(1)

輪廻する魂

「もう半分」

いつも来る不思議な呑み方をするおじいさん。「もう半分」といって、かならず一合の半分ずつ六杯飲んで帰る。その日も呑み終って店をでていった。ところが、そのおじいさん、五十両のお金を忘れていった。主人はその金を返すために追いかけようとするが、女房がとめる。おじいさんが慌てて店に戻ってきても、おかみさんと主人は、知らぬ存ぜぬを通す。落胆したおじいさんは、店をでて近くの橋から身を投げて死んでしまう。そのお金を元手に、夫婦は店を大きくした。そのうち子供が生まれる。その赤ん坊が「もう半分」のおじいさんそっくりで、母親は驚きのあまり死んでしまう。父親が乳母と一緒に、夜中その赤ん坊を見ていると……

人間は、死んだらどうなるのか。小さい頃、よく考えていた。夜、就寝前に思いつめて、息苦しくなって親に助けを求めることもしばしばあった。だが、親はもちろんのこと、どんな大人も、この問いに、まともに答えることはできない。誰に聞いても、なしのつぶてだ。

なるほど。この世界は、根本的に不可解なのだとさとった。だって、最も大切なこと、いちばん知りたいことは、誰にも答えられないのだから。何という不条理なところだろう、と思った。

お金のことやお勉強のことや仕事のことには、みんな熱中しているのに。いろんなことを笑ったり、楽しんだりしているのに、死んだ後のことやこの世で生きている意味については、どんな人も皆目わからない。話題にもしない。おかしな人たちの住む、何と不思議で、能天気な世界だろうか。

プラトンは、『国家』の掉尾《ちょうび》で、つぎのような話をする。

そのむかし、エルは戦争で最期《さいご》をとげた。一〇日ののち、数々の屍体が埋葬のために収容されたとき、他の屍体はすでに腐敗していたが、エルの屍体だけは腐らずにあった。そこで彼は家まで連れ帰られ、死んでから一二日目に、まさにこれから葬られようとして、野辺送りの火の薪の上に横たえられていたとき、エルは生きかえった。そして生きかえってから、彼はあの世で見てきたさまざまの事柄を語ったのである。

（『プラトン全集11』藤沢令夫訳、岩波書店、七四一～七四二頁）

エルは、多くの魂とともに、裁判官がいる場所に来る。そこには、天上へ行く道と地獄への道がある。死後の魂たちは、そのどちらかの道へ進む。そこで、賞罰の期間がすんだ者たちは、ふたたび戻ってくる。籤《くじ》によって来世を選ぶために。

まことに、エルの語ったところによれば、どのようにしてそれぞれの魂がみずからの生を選んだかは、見ておくだけの値打のある光景であった。それは、哀れみを覚えるような、そして笑い出したくなるような、そして驚かされるような観物だったのである。というのは、その選択はまずたいていの場合、前世における習慣によって左右されたからだ。

罪深く、ろくでもない生涯をすごし、地獄を経てきた者たちは、慎重につぎの人生を選び、楽な前世をおくった人たちは、あまり考えなしに来世を選んでしまう。こうして、つぎつぎと新しい誕生へと皆向かっていく。その前に、今までのことをすべて忘却しなければならない。

（同書、七五四頁）

すでに夕方になって、魂たちは〈放念（アメレース）の河〉のほとりに宿営することになった。この河の水は、どのような容器をもってしても汲み留めることができなかった。すべての魂は、この水を決められた量だけ飲まなければならなかったが、思慮によって自制することができない者たちは、決められた量よりもたくさん飲んだ。それぞれの者は、飲んだとたんに一切のことを忘れてしまった。

（同書、七五七頁）

これは、輪廻転生の話である。誰でも知っているように、世界中いろんなところで、このての話はある。日本でも、江戸時代に平田篤胤《あつたね》が記録した勝五郎の話は有名だ。八王子の中央大学の正門側（東中野）と多摩動物公園側（程久保）とのあいだでおこった転生譚である。

中野村（現八王子市東中野）の勝五郎が、八歳になった時、自分の前世は、程久保村（現日野市程久保）の藤蔵だといいだす。六歳の時、疱瘡《ほうそう》で亡くなったのだという。死後のこと、さらに勝五郎として転生するまでのことをくわしく話した。

実際に程久保村に行ってみると、たしかに六歳で亡くなった藤蔵という子供がいた。そして藤蔵しか知らないことを、勝五郎はつぎつぎといいあてる。その小谷田勝五郎は、明治二年に五十五歳で亡くなった。小泉八雲も随筆に書いた有名な話だ。

ほかにも、アメリカのエドガー・ケイシーが残した膨大なリーディング（相談相手の病気の治癒のための記録）や、二十世紀最大の神秘家であるルドルフ・シュタイナーの壮大な言説のなかにも、輪廻転生の事例はことかかない。また、イアン・スティーヴンソンの『前世を記憶する子どもたち』や、ごく最近でも、退行催眠療法をしていて前世にまで退行してしまった精神科医ブライアン・ワイスによる著作など、多くの「生まれ変わり」の具体例を目にすることができる。あるいは、小説でも、三島由紀夫の『豊饒の海』や佐藤正午の『月の満ち欠け』は、転生がベースになっている。

もし、このような事例が本当であれば、この上なく恐ろしい死の恐怖は、ある程度緩和されるだろう。自己が消滅する。自分の意識が未来永劫なくなるという底知れない恐ろしさは、消えてしまう。死んでも終わりではないのだから。ただ、そうだとしても、この恐怖は、あらためて異なったかたちで襲ってくる。

それは、現在のわれわれのことを思いかえしてみれば、わかるだろう。私たちは、生まれる前のことを一切記憶していない。プラトンが書いているように、われわれは、生まれ変わるとき、一人残らず〈放念の河〉の水をたっぷり飲み、それ以前のことをすっかり忘れてしまうのだから。こうなると、自分自身が意識も何もかもことごとく消滅するという死の恐怖のポイントは、死後よりも誕生の瞬間に移るだろう。生まれることが、死ぬことだからだ。

輪廻転生の考え方によれば、死後、肉体から離れた魂は「中有《ちゅうう》」という状態に入る。一つの人生とつぎの人生とのあいだの期間だ。この「中間生」ともいわれる状態で、これまでの多くの過去生を見渡すことができる。エルが語ったように、このとき、いろいろ検討してつぎの人生を選ぶのだ。

たしかにこのとき、すべては明らかになり、われわれの生存の意味もわかるのかもしれない（しかし、その場合でも、この世界全体の存在の意味は、決してわからないだろう、原理的に。われわれが、この世界の内部にいる限り）。だが、つぎの人生が始まる前に、〈放念の河〉の水を飲むのであれば、それまでの記憶やこの世界についての理解は、ことごとくなくなる。

赤ん坊として生まれるとき、自分が何者か、何のために生きているのか、死んだらどうなるのか、すべては闇のなかに沈む。つまり、人は「死んで生まれる」のである。記憶をすべて失って生きていく。意識のあるこの人生こそ、実は、世界から切り離された〈死の状態〉だということになるだろう。

〈いま・ここ〉のわたしは、世界の秘密（真実）から最も遠い地点にいる。記憶を抹消された孤児なのだ。こう考えれば、われわれの終わりなき人生は、「非連続の連続」といえるだろう。誕生という切断による非連続の連続だ。しかし、連続であることを確認することは、この世界ではできない。生きている限り何もわからない。

それに、その連続を保証するものが、死後甦る記憶なのだとすれば、それが本当の記憶かどうか検証するすべはないだろう。今生きているときの記憶だって、かなり曖昧なのに。

誕生という切断（忘却の水を飲むこと）によって、一度非連続になった記憶は、新たに接続されたとしても、他人の記憶とまぎれる可能性があるのではないか。

つまり、この輪廻の考え方によれば、死んでも終わりではないが、生まれたら終わりだ、ということになるだろう。何という恐ろしい世界だろうか。

さて今回は、「もう半分」という怪談である。

江戸時代、千住で夫婦ものが、小さな居酒屋をやっていた。客が十人も入ればいっぱいになる小さい店である。一緒になって七年だが、子供はまだだ。亭主が働き者で、客にたいする世辞がうまい。肴は、大したものはないが、いい酒をだすので、いつも客でいっぱいだった。昼は飯屋をやり、夜は早めに店じまいをする。近くに千住の遊び場（廓）があり、夜遅くなると、この店には誰もこなくなるからだ。まわりも大変静かになる。

その日も、客足が途絶えたので、店じまいしようとしていると、「こんばんは」とおじいさんが来た。のべつここへ来ている八百屋のおじいさんだ。歳は、六十五、六で行商をしている。やせぎすで眼がくぼみ鼻が高く、汚いなりをして素足に草履だ。

その老人は、一合の酒を一度に頼まず、半分だけ頼む。その日も、「いつものように、また半分頂けないでしょうか」と酒を注文した。その日は、まっすぐ帰るつもりだったが、どうしても我慢できなくなり店に来たという。別の用があったので、商売は休んで、店を素通りするつもりだった。でも、どうしてもお酒には勝てなかったという。

最初の半分を呑み終わると「もう半分くださいな」といってまた注文する。「半分よりかなり多いじゃないですか」などといって上機嫌に呑んでいる。おじいさんは、若い頃から酒が好きで、いろいろしくじったけれども、酒をやめようとは一度も思わなかったなどと話す。

店主が相手をしながら、「どうして半分ずつ召し上がるんです？　なんかわけがあるんですか？」と尋ねると、老人は「しみったれだから。半分ずつ量ってもらって六杯呑む方が、一杯ずつ三杯呑むよりも、多く呑めるような気がするんですよ。長く楽しめるんですよ」という。そうして、半分ずつ六杯呑むと、いい心持ちになって、勘定を置いてでていった。

亭主が店じまいを始める。おじいさんが腰かけていたところの横に、汚い風呂敷包みがあった。また明日来るから預かっとけばいいと思い、その包みを開けると、二十五両包みが二つあった。びっくりした主人は、かみさんに「忘れ物届けて来るから」と大声でいって店を飛びだそうとする。すると、おかみさんが「いいよ、明日来るだろうから」という。「五十両入ってたんだ」というと、「五十両。大金じゃないか」といって驚く。おじいさんを追いかけていこうとする旦那に対して、「この店を、千住で指折りの店にしたいといってたじゃないか？　そうおしよ」と悪魔のささやきをする。「このお金を黙ってもらっちゃいなよ」

慌てふためいて、忘れ物をとりに戻ってきたおじいさんに対して、おかみさんは知らぬ存ぜぬの態度を貫く。涙を流しつつ、「今はけちな八百屋ですが、以前は、深川でかなり大きな店をやってたんです。忘れた五十両は、今年二十歳になる娘が、店の元手になるようにと吉原へ身を売って作ってくれた金なんです」とおじいさんは明かす。だが、おかみさんは、とりあわない。旦那も心を決めて、しらを切りとおす。結局おじいさんは、落胆して店をでていき、橋から川へ身を投げてしまう。

その五十両で、夫婦が店を新しく普請《ふしん》して人を雇うと、居酒屋は繁盛した。一年たち、念願の子供まで授かった。ところが、月満ちて生まれてきた男の子の頭は白髪で覆われ、歯が生えていた。その顔は、眼がくぼみ鼻がつんとして、あのおじいさんそっくりだった。母親は、見たとたんにショックのあまり死んでしまう。

父親は子供を育てるために、乳母を雇う。ところが、雇ったばあやが、つぎつぎと辞めてしまう。理由を尋ねてみると、お給金でもなく面倒だからでもない。理由をいわない乳母が、「それじゃ、一晩いますんで、旦那見ててください」といった。

その晩、主人は、乳母と赤ん坊が寝ている次の間から、襖《ふすま》を少し開けて息子の様子をうかがっていた。真夜中、草木も眠る丑三《うしみ》つ時、八つの鐘がゴーンとなる。それまで寝ていた赤ん坊が、眼をパチッと開けむっくり起きあがると、乳母の寝息をうかがって歩きだした。行燈《あんどん》の下に置いてある油さしから油を茶碗に注ぎ、それをうまそうに飲み干す。

主人は、びっくりして、「こんちきしょう」と殴りかかろうとすると、赤ん坊は茶碗をさしだし、「もう半分」

『国家』によれば、生まれ変わりの際、つぎの人生は本人が決めるのだから、これは、明らかにおじいさんが、酒屋夫婦の赤ん坊になることを選んだのだろう。この二人に子供ができたことを「中間生」で知った時、「しめた」と思ったにちがいない。復讐できると。

ただ、〈放念の河〉の水を飲んだのだから、誕生後は、それまでの記憶はなくなる。つまり、夫婦にお金をとられたことは、忘れているはずだ。恨みはなくなり、まっさらな赤ん坊として誕生したのだ。しかし、どうしたことか、「もう半分」のおじいさんの特徴（顔かたちや癖、嗜好）をもったまま生まれる。

こう考えれば、この噺の恐ろしさが、生まれたての赤ん坊にあることがわかるだろう。本人（新生児）には、すでに遺恨はない。それを見る側だけに恐怖は宿る。存在そのものが恐ろしいのだ。

そして何といっても「もう半分」。この台詞がなぜ怖いのか。うまく表現できないのだが、まず、この世界の本質的部分に「半分」があるような気がする。われわれは、「男−女」のいずれかであるし、「生物−無生物」のいずれかだ。それに、「生−死」の「生」の側に、この世にいるものはつねに存在している。

この世界の基底にある「二項対立」の片側に、どんな存在もいる。われわれは、いつも「半分」の存在であり、「片割れ」なのだ。「半分」は、森羅万象の本質にくいこんでいる。だから、「もう半分」といわれると、光の届かない闇から、秘密（〈本当のこと〉）をささやかれているような気がするのではないか。

それに、もう一つは、何といっても「半分」のもつ未完成感だろう。「もう半分」がつづく限り、未来永劫、何かが終わることはない。「もう半分」「もう半分」といつまでたっても、「一杯」になることなくつづく。「半分」欠如したまま、ずっと。

だから、こうして生まれてしまったこの赤ん坊は、いつまでたっても、いいつづける。

「もう半分」

14

死について（2）

一人称の死

――「死神」

金がなく絶望した男が死神と知り合う。重《じゅう》篤《とく》な病人の足元に死神がいれば、呪文で死神を追い払うことができる。枕元にいる時は、その病人はもう寿命だという。このことを教えてもらった男は、医者の看板をだし、金持ちになる。ところが、よその女に金を貢ぎ、また、一文無しになってしまう。もう一度、医者の看板をだすが、今度はなかなかうまくいかない。困った男は、枕元にいた死神がうとうとしている隙に、無理やり布団の上下を逆にして、死神を追い払ってしまう。そのため、死神の怒りを買ってしまった男は、自分の寿命が、その病人の寿命ととりかえられてしまったことを知る。死神の温情で、消えかかっている自分の寿命の蠟燭をべつの蠟燭に移そうとするが……

死という現象が、大きく三つのタイプに分けられるといったのは、哲学者のジャンケレヴィッチだった。一人称の死、二人称の死、三人称の死の三種類である。「一人称の死」は、〈私の死〉であり、これは決して経験できない。死というものが、肉体の衰弱死滅と同時に、魂（意識）も消滅するのであれば、自分自身の死を経験する主体も消えてなくなるからだ。

つぎに「二人称の死」というのは、〈あなたの死〉であり、〈お前の死〉である。じっくり顔を見て、「あなた」や「お前」と（あるいは、名前や「おやじ」「おふくろ」「お兄ちゃん」といったいい方で）語りかけてきたごく親しい人の死だ。親の死であったり、配偶者の死であったり、親友の死である。この〈死〉は、最もつらく切実なものとしてこちらを襲う。これこそが、普段われわれが経験する死といえるだろう。

これとは異なり、わたしとは直接かかわりのない人たちの死が「三人称の死」である。テレビや新聞で見る交通事故や災害で亡くなる人たちの死。たしかに、この死も、その親族や親しい人にとっては、切実で悲しいものだという理解はできる。だが、「二人称の死」と比べれば、こちらに深く刺さるわけではない。多くの人が犠牲になったことを知ると、心から哀悼の意を表するけれども、それが何か月も何年もつづくことは珍しい。

昨日まで一緒に暮らしていた親（子、配偶者）が突然亡くなったときの底知れない悲哀とは、明らかに質がちがう。これは、われわれのあり方（あくまで個人として生き、ごく狭い範囲で人間関係をもち、同時にあらゆる人間と深いかかわりをもつことはできない存在様態）からくるものだろう。

情報としての死は、毎日溢れている。しかし、こういう死が、われわれの眼に生々しいものとして触れることがなくなってきたと指摘したのは、ジェフリー・ゴーラーだ。今の時代、人々は病院で死に、すみやかに葬儀が営まれ、あっという間に普段の生活に戻る。死は、われわれの日常から隠されているというわけだ。それは以前、性的な事柄が隠蔽されていたのと同様の事態だという。

> ところが二〇世紀には、人目につかない変化が取り澄まし（上品さ）に生じたように思われる。すなわち、交接（セックス）はますます「口にしてよい」ものになり、特にアングロ・サクソン社会ではそうなって来たのに対し、自然な出来事としての死は、ますます「口にできないこと」になったのである。
>
> （G・ゴーラー『死と悲しみの社会学』宇都宮輝夫訳、ヨルダン社、二〇七頁）

一世紀前には、誕生と交接（セックス）という自然なことが嫌悪されたように、今や身体の腐敗・腐朽という自然の経過が人をむかつかせるものとなった。

（同書、二〇八頁）

たしかに現代では、人はたいてい病院で死ぬ。清潔で管理された場所で、死の儀式がたんたんと行われる。少なくとも日常の生活と地続きではない。

死亡率が高かった一九世紀に、「うるわしき亡骸」に別れの挨拶をしたことがないとか、人が死につつある場に一度も立ち会ったことがないという人は、滅多にいなかったであろう。葬儀は、労働者階級にとっても、中流階級にとっても、貴族にとっても、最大限に見栄をはる機会であった。共同墓地は、古い村ならどこでもその中心にあり、ほとんどの町で目につきやすい所に位置していた。犯罪者の処刑が世間への見せしめであることをやめ、その日が公休日にならなくなったのは、一九世紀もかなり末になってからである。

われわれは、人が死ぬところや死体そのものを眼にすることはほとんどない（といっても、インドなどを考えれば、地域差はもちろんある）。一生眼にしないで終わる人も、もしかしたら（稀に）いるかもしれない。このような事態を、ゴーラーは、「死のポルノグラフィ化」という。現代においては「死」が、数世紀前に、人々が隠蔽していた性的な事柄と同様のあつかいを受けているというわけだ。

（同書、二〇七頁）

しかし、この事態は、社会的な出来事だけでなく、われわれ個人の出来事でもある。またそれは、時代背景や地域とはかかわりがない。いつの時代でも、誰でも、自分自身の死（「一人称の死」）を、無意識裡に隠蔽するからだ。

ある程度の年齢になれば、人間は死ぬものだということに、われわれは気づく。百年、あるいは五十年以内には、ほぼ確実に死ぬにもかかわらず、今わたしは生きている。この場合、不思議なことに、死ぬことを意識して生きる人は少ない。「生」の側にいるかぎり、そこに「死」は、登場しないから。

ハイデガーは、そのあたりの事情をつぎのようにいう。

そのつど固有な現存在（「人間」のことだと考えていい――引用者）は、事実つねにすでに死につつある。すなわち、みずからのおわりへとかかわる存在のうちで存在している。この事実を現存在はおおい隠してしまう。それは、現存在が死を、他者たちのもとで日常的に現前する死亡事例へと改鋳《かいちゅう》することによってであって、この死亡事例こそがともあれ私たちに、「じぶん自身」はなお「生きている」ことを、それだけますますはっきりと確証してくれるものなのだ。

（『存在と時間』（三）熊野純彦訳、岩波文庫、一五二頁）

われわれは、生まれ、死んでいく。生まれた瞬間に死へ向かって進んでいく。「つねに死につつある」のだ。しかし、そのことを見ないようにして生きていく。「日常的に現前する死亡事例」、ようするに、「二人称の死」や「三人称の死」を「死」だと認識して、本当の〈死〉つまり「一人称の死」には、目をつぶる。

しかし、それは仕方ない。「一人称の死」は、予測も何もできない「純粋な可能性」にすぎないからだ。われわれが生きているかぎり、経験も認識もできない、いわば絶対に手の届かない〈裏側〉の現象だからだ。

> 死へとかかわる存在にあっては、これに対して、それが、すでに特徴づけられた可能性をそのとおりのものとして理解しながら開示すべきだとするならば、可能性は弱められることなく理解されなければならない。つまり可能性として完全に形成され、また可能性へのかかわりのなかで可能性として耐えぬかれなければならないのである。
>
> （同書、一八三頁）

「一人称としての死」は、絶対に訪れない。自分自身の死が、実現することはない。いつまでも「可能性」のまま終わる。いや、終わることのない「可能性」のまま、ということになるだろう。

たしかに、「あなたの余命は三か月です」と医者にいわれれば、自分の死をかなり意識するだろう。あるいは、閉所に閉じこめられパニックになったとき、海底に沈み息ができなくなったとき、コンサートに行きその会場で銃乱射が始まったとき、群衆に押され倒れこみ多くの人に踏みつけられたとき、かなり死を意識することになる。

しかし、それでもつぎの瞬間は、まだ生きていると思う。むろん、実際に死んだにしても。ようするに、私の「死」は、可能性のまま途切れてしまう。つまり、われわれは、生きているかぎり死に直に接することはない。「一人称の死」は、〈いま・ここ〉と同じ次元の出来事ではないのである。

> 死は「いずれいつかは」へと押しやられ、しかもいわゆる「一般的推計」を引きあいに出したうえで押しやられる。こうして〈ひと〉は、死の確実性に特有なことがら、つまり死はあらゆる瞬間に可能であることを覆いかくしてしまう。
> （同書、一六八頁）

いつ死んでもおかしくないわれわれは、しかし、つぎの瞬間は生きていると思っている。そうして、いつ死んでもおかしくないことに知らないふりをするというわけだ。「可能性」は、「可能性」のまま終焉する。つまりは、「可能性」が、そのまま「不可能性」へ変わるというわけだ。

ウィトゲンシュタインは、この事態を、ハイデガーよりはるかに簡潔につぎのように表現している。

死は人生の出来事ではない。ひとは死を経験しない。
永遠を時間的な永続としてではなく、無時間性と解するならば、現在に生きる者は永遠に生きる。
視野のうちに視野の限界は現れないように、生もまた終わりをもたない。
（『論理哲学論考』六・四三一一）

さて今回は、「死神」だ。こんな噺である。

お金がまったくなくなり、借金で首が回らなくなってしまった。江戸中隅々まで金策に駆けずり回るが、どこからもお金を借りることができない。困り果てて、うちに帰ると、かみさんにさんざん怒られる。「どこほっつき歩いてたんだよ。お金できたの？　できたんだったら、こっちだしなよ」

「足を棒にして歩き回ったけど、金がない金がないってみんないうんだよ。今、世の中に金がなくなったんじゃねえのか」「何、馬鹿なこといってんの？　お前さんに働きがないから、こんなことになってんだろ。いつまでこんな思いするんだろ。顔も見たくないから、でてっておくれ。豆腐の角に頭ぶつけて、死んじまいな！」

亭主は、頭にきて家をでて「死んじゃおうかな」と思う。「どうやって死のうか、川に身を投げようか、いや泳げないからやめよう」などと考える。「大きな木だな。枝も丈夫そうだ。あそこに首くくっちゃお。その方が、かかあに見せしめになっていいや。でも今まで、首くくったことねえから、どうやってくるんだろ」と思っていると、「教えてやろう」と不気味な声がうしろからする。

びっくりして振り返り、「誰だい!?」っていうと、「俺は死神だ」と答えた。「死神？　よせよ、変なのがでてきやがったな。俺は今まで、死にたいなんて考えたことがなかったけど、てめえのせいだな。向こう行け」というと、死神は、「邪険にするな。仲良くしよう」といって、仕事を世話してやるという。死神の下請けなんかしたくないという男に、「いくら死のうと思っても、人間には寿命があるんだ。お前はまだ死ねない。寿命が尽きれば、いくら生きたいと思っても無理だ。寿命がある奴は、死ねない」という。

「お前、医者をやれ」と死神はいう。「脈のとり方も知らないからできない」というと、「人の命を助ければ、立派な医者だ。脈のとり方なんか知らなくても大丈夫だ。長患いの病人には、死神がかならず一人ついている。足元に坐っていれば助かるが、枕元に坐っていれば、もう助からない。足元に坐っていたら、呪文を唱えろ」と教えてくれる。

「呪文なんか知らない」というと、「アジャラカモクレンキューライス、テケレッツノパ」といって、手をポンポンと二回叩け。それを聞くと、死神は、まっすぐ家に帰らなくちゃいけねえんだ」

家に帰って、台所にあった小田原蒲鉾《かまぼこ》の板っきれに「医者」と書いて、看板にした。すると、すぐに人が来た。日本橋の越前屋という大店《おおだな》の主人が長患いしているという。江戸中の医者にさじを投げられたという。「ちょうど暇だから行きましょう」といって、病人の寝ている部屋に行くと、死神が足元にいる。「しめた」と思って、「大丈夫、助かります」という。「医者もやっているが、まじないもやっているので、今日はまじないでやってみます」といって、店の者に席を外してもらう。

「アジャラカモクレンキューライス、テケレッツノパ」といって手を叩くと、死神がすっと消えて病人が元気になった。これが評判になり、多くの人が、やってくる。死神が枕元

る。患者に対して、とくに気持を動かすことなく、たんたんと対応する。

しかし、お金に眼がくらんで、寿命が尽きていた伊勢屋に対して、「二人称」的な視点をもつ。もちろん、これは、外側だけ似ているのであって、内実は利己的な動機だ。お金が欲しいだけだからだ。

ところが、無茶をやって伊勢屋を治すと、それは「一人称の死」(自分の寿命)と直接かかわっていたことに、死神に気づかされる。「三人称の死」だから何をやってもいいと思っていたら、実は、それがまさに「一人称の死」にかかわっていたのだ。小三治の演出だと、蠟燭の火が消えた後、小三治は、そのまま前に倒れこみ動かなくなる。客はそれをじっと見つめて、おしまい。

「一人称の死」は、本人には経験できず、まわりの人間にとって確認できる(「三人称の死」=小三治の身体によって)ということがまざまざとわかる演出だといえるだろう。

15

死について（3）

幽霊のいる場所

「三年目」

とても仲のいい夫婦がいたが、奥さんが重い病になった。どうしても思い残すことがあるというので訊いてみると、自分の死後、後妻をもらうのかと思うと、どうしても死にきれないという。旦那は、「絶対にもたない。どうしてももたなければならなくなったら、婚礼の晩に幽霊になってでてきておくれ」と約束する。妻の死後、やむを得ず後添えをもらうことになった。婚礼の夜、先妻を待つが現れない。三周忌の夜、先妻は幽霊となって現れた。「うらめしや」というので、なぜ、婚礼の日に現れなかったのかと問いつめるのだが……

「幽霊」とは、どのような存在なのだろうか。生きているわれわれは、はっきりと身体と心をもって、それぞれの眼の前に存在している。視覚で確認でき、動き回り、しゃべれば聴覚が刺激される。お風呂に長く入っていない相手なら、否応なく嗅覚も使わざるをえない。何なら、触覚や味覚（？）でも、その存在をたしかめられる。これが、生きている人間であり、〈この世〉の人たちだ。

それに対して、記憶のなかでは生きいきと蘇ってくるけれども、世界中どこを探しても、もはや感覚ではとらえられない人たちもいる。死んでしまって、完全に向こう側に行ってしまった人たちだ。〈あの世〉にいる存在（というか「無‐存在」）である。この人たちは、もうすでに存在していないので、無の領域にいる（つまり、端的に「いない」）といっていいだろう。

こうして、わかりやすい論理法則がきちんと成立する。「排中律」。「人間は、生きているか、死んでいるかのいずれかである」。なるほど。恒真命題《こうしん》（同語反復）だ。われわれ人間は、「生」という第一の領域と、「死」という第二の領域のどちらかに「存在」する（第二の領域では、実質は、「存在しない」）。では「幽霊」は、どこにいるのか。

幽霊の存在のおかげで、この排中律が、まちがいであることがわかるだろう。幽霊がいてくれたおかげで、「生」でも「死」でもない第三の領域が開かれるからだ。幽霊は、ときどき、おそらく気が向いたときに〈この世〉にやってくる。しかも、ごく淡いあり方をして。まさに、ジャック・デリダのいう revenant（帰ってくる人＝幽霊）だ。

視覚では、ぼんやりとらえられるが、触ることは叶わない。聴覚に訴えかけたり（霊がたてるという「ラップ音」）、嗅覚だけで（たとえば、お線香の香りで）気づく場合もある。しかし、生身の人間のように、全面的に〈この世〉（第一の領域）に登場することは期待できない。だって何といっても、〈幽霊〉なのだから。

さて、幽霊と同じように、第三の領域を垣間見せてくれる現象は、ほかにもある。夢だ。覚醒（第一の領域）と深い睡眠（第二の領域）とのはざま。「意識がまったくないか、意識がはっきりしているかのどちらかだ」という排中律を破る夢である。夢うつつのときに、〈あちらの世界〉とつながっているといったのは、かのルドルフ・シュタイナーだった。


私たちは、生まれてから死ぬまでの通常の人生の中にも、霊界での体験と似たものをもっています。それは夢の体験です。夢は、私たちの感覚による体験ではありません。それにも拘わらず、感覚生活を思い出させる形象から成り立っています。私たちはこの夢の像の中に、死から新しい誕生までの間に現れてくるイメージの現れ方の一種の弱い反映をもっているのです。

（『死について』高橋巖訳、春秋社、七三頁）

あるいは、私が最も好きな短篇である内田百閒の「冥途」は、この第三の領域を見事に描写している。冒頭部分。

高い、大きな、暗い土手が、何処《どこ》から何処へ行くのか解らない、静かに、冷たく、夜の中を走っている。その土手の下に、小屋掛けの一ぜんめし屋が一軒あった。カンテラの光りが土手の黒い腹にうるんだ様な暈《かさ》を浮かしている。私は、一ぜんめし屋の白《し》ら白《じ》らした腰掛に、腰を掛けていた。何も食ってはいなかった。ただ何となく、人のなつかしさが身に沁《し》むような心持でいた。卓子《テーブル》の上にはなんにも乗っていない。淋しい板の光りが私の顔を冷たくする。

（『冥途・旅順入城式』岩波文庫、一一八頁）

この不思議な一ぜんめし屋で、自分が幼かった頃の父親と遭遇する。〈あちら〉と〈こちら〉のはざま（第三の領域）で出会う。隣席の四、五人の客のなかに、父はいた。

「お父様」と私は泣きながら呼んだ。
けれども私の声は向うへ通じなかったらしい。みんなが静かに立ち上がって、外へ出て行った。

（同書、一二二頁）

向こうは気づかない。知らない人たちと連れだって、土手の上をどこかへ帰っていく。そのうち、他の人たちと溶け合って、父の姿は、わからなくなる。

私は涙のこぼれ落ちる目を伏せた。黒い土手の腹に、私の姿がカンテラの光りの影になって大きく映っている。私はその影を眺めながら、長い間泣いていた。
それから土手を後にして、暗い畑の道へ帰って来た。

（同書、一二二～一二三頁）

この領域を馬鹿にしてはいけない。ここそが、本当の〈場所〉なのかもしれないのだから。なにしろ、夢で多くの発見はなされるし、一日のなかの第三の領域（昼でも夜でもない）である〈黄昏〉のもつとてつもない魔力は、日々われわれが経験しているではないか。異次元への扉が開くのは、この刻限にちがいない。この〈場所〉に対する、ある種の懐かしさこそが、われわれの心情の奥底にあるものだろう。

田辺元《はじめ》は、生と死について、中国の仏教書『碧巌録《へきがんろく》』の公案を手がかりにして考えていく。

生死の問題に熱中する若年の僧漸源《ぜんげん》が、師僧の道吾に随《したが》って一檀家の不幸を弔慰したとき、棺を拍《う》って師に「生か死か」と問う、しかし師はただ「生ともいわじ死ともいわじ」と言うのみであった。けだし漸源の意、もし生ならば弔慰するに及ばず、またもし死ならば弔慰も通ずることなからんという二律背反に悩まされて、師道吾に問をかけたわけであろう。しかし師僧はこれに対しいずれとも明確なる答を与えなかった。

弔問に行った先で、そこに横たわる遺体は「生なのか死なのか」と漸源は師に訊く。この問いの意味は、もし死んでいるのであれば、もはや無なのであるから、弔う必要はない。他方で、生きているのであれば、弔うのは、そもそもおかしい。いずれにしても、弔問に来た意味はないではないか、というのだ。まさに「排中律」を使って、この真面目な修行僧は、師に問いかけている。

田辺は、この公案に対する考えをつぎのように述べる。

漸源ここに至って始めて、生と死とが互に両立せざるものとして区別せらるるにかかわらず、それを矛盾律に従い、生か死かと判定する能わざるものなること、両者を不可分離の聯関《れんかん》においてのみ自覚せる者に対してのみ、その問が意味を有するものなることを悟り、先師道吾が自分の問に答えなかったのは、彼をしてこの理を自ら悟らしめるための慈悲であり、その慈悲いま現に彼にはたらく以上は、道吾はその死にかかわらず彼に対し復活して彼の内に生きるものなることを自覚し、

(『死の哲学』岩波文庫、一八頁)

懺悔《ざんげ》感謝の業に出でたというのである。

（同書、一八〜一九頁）

田辺は、師の道吾は、生と死は排中律（生と死が、同時に存在すると矛盾してしまい、それを避けるという意味で矛盾律）によって二分されるようなものではなく、生と死は「不可分離」の関係であるといったというのだ。排中律や矛盾律は、生死の真相をとらえていないというわけなのである。

生と死は、いわば表裏の関係にあり、しかもその表裏は、つねに反転し浸透している。あるいは、その二つの領域をつつむ第三の領域に支えられている。生から死へ、死から生へ。その境界は曖昧で、滲《にじ》み流動していく。

そもそも、「生」も「死」も、言葉による切り分けだ。「生」という語を使ったとたんに、「生でないもの」が、その裏側に貼りつく。「生」と「死」が対立して、それ以外は存在しないかのような考えを生みだす。しかし、この世界の本来のあり方は、そんな二分法とはかかわりがない。生でもなく、死でもなく、〈ありのまま〉しかない。だから、真の〈ここ〉は、生でもなく死でもない、あるいは、生でもあり死でもある〈幽霊〉的領域だといえるだろう。

田辺の言葉で結論をいえば、「生と死といずれも人間の自覚に属し、しかも相関聯するものとしてのみ自覚せらるること、単に外界に生起する出来事とは異なるのであるから、これを了知するには、何よりもまず自ら両者を表裏相即不可分離の聯関において経験し自覚しなければならぬ」（同書、一九頁）ということになるだろう。そして田辺は、このような生死の境界を超えたもののかかわりを「実存協同」という。

さて、今回は、「三年目」という噺である。

とても仲のいい夫婦がいた。ところが、おかみさんの方が患いついてしまった。亭主はたいそう心配して、毎日、懸命に看病している。何人もの医者に診せたが、なかなか治らず重くなるばかりだ。

「お菊や、少しは気分がよくなったかい」

「相変わらずでございます。あなたにはご苦労をおかけして、まことに相済みません」

「何をいってんだい。夫婦のあいだじゃないか。そんなこと気にしてちゃいけませんよ。それより早くよくなっておくれよ。お医者様が、薬を調合してくださった。薬をお飲み」

「後で頂きますんで、どうぞそこに置いといてください」

「いや、後はいけません。今すぐお飲みなさい。見ている前でお飲み。人が見ていないっていうと、薬を捨ててるそうじゃないか」

「いや、もう薬は結構でございます。先だって、お医者様が、お帰りになるとき、あの病人は、もういけない。早いとこ皆さんにそれとなくお別れをさせた方がいいと仰ってたじゃありませんか」

「馬鹿だね、お前は。そんなくだらない話。医者のいうことを真に受けちゃいけませんよ」

などと会話を交わしている。

そのお菊さん、一つだけ心残りがあり、どうしても死ぬことができないという。何か気に病んでいることがあるから、なかなか治らないんだ、それをいってごらんと旦那はいう。

おかみさんがいうには、自分が死んだ後、旦那さんがもらった後添えが、自分の時と同じように、とても優しく可愛がってもらうのではないかと思うと、どうしても臨終できないという。

旦那は、「何て馬鹿なことを考えているんだ。女は、お前だけだ。決して後妻なんてもらわない。生涯一人で暮らしますよ」と答える。

だが、お菊さんは、「そうはいっても、ご両親やご親戚が、黙っていらっしゃいません。かならず、後添えをもらうよう説得されて、しまいには、断りきれなくなっておもちになります」という。

それに対して旦那は、ある約束をする。「どうしても断りきれなくて、後妻をもらったとしたら、その婚礼の日に幽霊となってでてきておくれ」という。「私は、怖くはない、うれしいくらいだ。ただ、嫁は怖がって実家に帰るだろう。そうすれば、否が応でも一人で暮らすことになる」といって安心させた。お菊も、「うれしい。じゃ、八つの鐘（午前二時）を合図にきっとでてきます」という。

この約束で安心したのか、おかみさんは亡くなってしまう。旦那さんは、泣くなく野辺送りをし、初七日、四十九日、百か日と過ぎる。すると案の定、まわりから後妻の話がでてきた。さんざん断ったが、どうしても断りきれずに、新しい奥さんをもつことになってしまう。

婚礼の晩、奥さんを先に寝かせ、約束した通り、八つの鐘が鳴るのを今かいまかと待っていた。ところが、鐘が鳴り終わったのに、お菊さんはでてこない。生きていた頃からそそっかしかったから、隣の家にでたんじゃないかとか、十万億土という遠いところから来るんだから、初日には間に合わなかったんじゃないかなどと考え、それから、毎日、深夜に先妻が来るのを待っていた。

しかし、何日、何月たっても、お菊は現れない。仕方なく旦那は諦めて、新妻を可愛がるようになる。しばらくすると、玉のような男の子も生まれ、幸せな日々が過ぎていった。

ところが、お菊が亡くなって三年目になり、三周忌の法事がすんで家に帰ってきて、疲れからかひと眠りした。夜中にふと目が覚める。

八つの鐘が鳴った。行燈の明かりが暗くなり、なぜか生温かい風がふっと流れてくる。いやな心持ちになる。すると誰かの気配がした。枕屏風の向こう側から先妻の幽霊が現れる。緑の黒髪を乱して、こちらをじっと見つめている。

旦那は、びっくりして「昼間の法事のお礼に来たのかい。でるんなら、なんで二、三日前に速達の一本も寄越さないんだ。そうすりゃ、驚かないんだ」などという。

向こうは、「うらめしや、うらめしや……」といっている。

「やだよ、そんなこといっちゃ。何がうらめしいんだい?」

「うらめしいじゃありませんか。私が亡き後は、後添えは、決してもたないといいながら、こんな綺麗なおかみさんをもって、赤ちゃんまでこしらえて、うらめしゅうございます。

あなた、それじゃ、約束がちがうじゃありませんか」

「冗談じゃないよ。そうなりゃ、私はかけあうよ、幽霊でも何でも。断りきれない場合は、一応後添えをもつっていっただろ。婚礼の晩、お前を待ったよ。遠いところからだから遅れているのかもしれないと思って。きちんと約束をしたんだから、毎日毎日、待ったよ。蝙蝠《こうもり》じゃないが、昼間寝て、夜ずっと待ってたんだよ。お前の方が、先に約束を破ったんじゃないか！」

「いえ、存じておりました。でも無理じゃありませんか。私が死んだときに皆さんで私を坊さんにしたでしょ」

「そりゃそうだよ。決まりだもん。親戚じゅうで、一剃刀《かみそり》ずつあてて、お前さんを坊さんにしました。それがどうかしたのかい？」

「ほら、ごらんなさい。坊さんのままででてきたんでは、あなたに嫌われると思って、毛の伸びるまで待ってました」


田辺によれば、生死を超える関係（実存協同）は、つぎのようなものである。

死復活というのは死者その人に直接起る客観的事件ではなく、愛に依って結ばれその死者によってはたらかれることを、自己において信証するところの生者に対して、間接的に自覚せられる交互媒介事態たるのである。

（同書、二二一頁）

お菊が「復活」して、亭主のもとに現れたとき、二人は愛によって結ばれた「実存協同」であることを自覚したことだろう。死者と生者とが、幽霊の住む第三の領域で出会うとき、そのかかわりを支えているのは、まさに至純の「愛」なのである。

しかし、こんなおかたい結論では、どうにも気恥ずかしい。そこで、蛇足を一つ。第三の領域からやってきたお菊が、婚礼の夜に、どうしても来ることができなかったのは、髪の毛がなかったからだという。

「髪」は、何といっても視覚でとらえられ（三年かけてのばした、お菊の美しい「緑の黒髪」）、触覚や嗅覚も深く刺激する。第一の領域の象徴とでもいえるような「生きたもの」だ。第三の領域にいるはずのお菊が、この「生きたもの」（第一の領域）である「髪の毛」がないことによって、三年も躊躇した。お菊という幽霊は、本来はかかわりのないはずのもので、ずいぶんためらっていたのだ。

この噺、このように考えると、「存在」と「無」と「幽霊」という三つの領域を織りこんだ、かなりひねりの効いたものではないか。

16

死について（4）

パラドックスとブラックホール

「あたま山」

けちな吝嗇兵衛《けちべえ》は、葉桜の季節にさくらんぼを山ほど食べた。翌年、頭から桜の木ができて、多くの人が吝嗇兵衛さんのあたまの山で花見をした。うるさくてしょうがないので、桜の木を引っこ抜いた。そのあとに池ができる。池のなかに魚がわいてきた。今度は、釣り人がたくさんやってきて、大騒ぎする。絶望した吝嗇兵衛さんは、自分のあたまの池に飛びこんでしまった。

やがて章は、かねて自分が目的としていた場所にたどりついた。それは、小さな寺の本堂のわきの軟かい毬を一面にならべたような美しい茶畑にかこまれた、あまり古くない彼の家の墓場であった。

「とうとう来た。とうとう来た」

と彼は思った。すると急に、安堵とも悲しみともつかぬ情が、彼の胸を潮のように満たした。彼は、父が自分で「累代之墓」と書いて彫りつけた墓石に手をかけて、その下にもぐって行った。

四角いコンクリの空間のなかに、父を中心にして三人の姉兄が坐っていた。二人の弟妹は、かたわらの小さな蒲団に寝かされていた。

妹ケイ　明治四三年没　一歳

姉ナツ　大正二年没　一三歳

弟三郎　大正三年没　一歳

姉ハル　大正四年没　一八歳

兄秋雄　昭和一三年没　三六歳

父鎮吉　昭和一七年没　七〇歳

「章が来たによ」

と父が云った。入口ちかくに坐っていたハル姉が、すこしとび出たような大きな眼で彼を見あげて

「あれまあ、これが章ちゃんかやあ」

と叫んだ。柔かな丸味のある懐しい声が、彼の身体全体を押しつつむように響いた。五二年まえ一八歳で死んだ彼女は、髪を桃割れに結って木綿縞の着物を着、赤い花模様のメリンスの前掛けをしめた、少女のままの姿であった。

「わっちが死んだときは、章ちゃんはまだ小学校へはいったばかりだったで、わっちのことは、はあ忘れつら」

「覚えている」

「わっちは、さっきお前があんまり父ちゃんとそっくりになって、頭が禿げているもんだで、解らないいっけよう——何だか可笑しいよう」

「そうずらよ」

自分でも二、三年このかた、父の写真を見るたびに、満足をもってそう感じていた。

「僕も五九になったで」

章が少しびっこを引くようにして入って行くと父が

「章、どうしたえ。そこいらじゅう繃帯《ほうたい》をして、交通事故にでもあったかえ」

と云った。

「そうじゃあない。出がけに内臓をみんな向こうへ寄附してきたで、そのときの傷だよ——この眼玉もくり抜いて、本当の眼のかわりに綿をつめて、上へ義眼をかぶせてもらって来ただよ」

（藤枝静男「一家団欒」、『悲しいだけ・欣求浄土』講談社文芸文庫、一四二〜一四五頁）

これが、問題になるのかどうかもわからない。ただ、以前から気になっていたことがある。「なぜ、人間は死んでも身体は残っているのか」ということだ。つまり、「死体は、なぜ存在するのか」という疑問である。

人は、生まれてくるときには、心も身体も一緒に現れる。たしかにある程度の年齢にならなければ、こちらの話や表情に反応したり、母語を話したりはしない。でも、まったく空っぽの身体だけで自分から動かないなどという状態で誕生することはないだろう。生まれたときから人間は、自分で動くし母乳も呑む。

ところが、死んでしまうと、空っぽの亡骸だけぽつんと残る。なぜだろう。なぜ、まるごとすべて消えてなくならないのか。生まれたときの逆にならないのか。

志ん朝さんが兄貴（金原亭馬生）の法事後の高座で、酔っ払って話したヴァージョンもある（枕が抜群に面白い）「そば清《せい》」だと、最後に清兵衛さんは、身体ごと消えてしまう。ウワバミが呑んでいた人間を溶かす草を、自分で呑んでしまったからだ。でも、あれこそが、本当に死ぬということ（「生まれること」と完全に対称をなす）ではないのか。一切合財消えてしまうのだから。

メルロ゠ポンティが着目した「身体図式」という考えによれば、われわれは、自分自身の身体だけではなく、道具もまた「自分の身体」と同じようなものにしている。車の運転に習熟した人であれば、自動車全体を自分の身体と同じように自在に動かすだろう。剣道の達人にとっての竹刀も同様だ。竹刀の先端を自分の指先のようにあつかうことができる。

あるいは、住み慣れた家であれば、夜中に起きてもトイレに直行できるのに、引っ越したばかりだと部屋や家財の位置を身体が認識していないので、いろんなところに身体をぶつけてしまう。家全体に対する自分の身体図式が、まだできあがっていないからだ。

ただ、前にも書いたが、自分の身体は、自分のものとは思えない。細胞も内臓も大脳も髪の毛も、こちらの都合で動いたり抜けたりはしない。それぞれの都合で、それ自身で細部までコントロールされている。それは、〈私〉とは別のシステムだ。あきらかに自分の身体は、〈私〉にとっては〈他者〉といえるだろう。

人が身体をもち生きているというのは、〈自分そのもの〉ではない車に私が乗るように、〈自分そのもの〉ではない自分の身体に、〈私〉が入っているのではないか。自動車や竹刀や家を自分の身体の延長（「身体図式」）と考えるのではなく、それとは反対に、自分の身体の方を、外界の延長と考えた方がいいのではないか。車や竹刀が身体図式の一部になるのではなく、自分の身体が、まわりの物質的環境の一部になるのではないか。

たまたま長くつきあうのが、「自分の身体」といわれるものだ。でも、この身体はずっと同じものではない。身体を構成している細胞や分子は、つねに生成消滅していく。一瞬もとどまってはいない。「同じ」ものが持続しているわけではない。福岡伸一さんのいうような「動的平衡」という概念が正しければ、生命現象としての私の身体は、ある種の形だけ保たれた蜃気楼のようなものになるだろう。

われわれの身体は、外界によって、つまり環境によって、できあがっている。そして、そのあり方は、「流れそのもの」なのだ。福岡さんは、つぎのようにいう。

つまりここにあるのは、流れそのものでしかない。

私たちは、自分の表層、すなわち皮膚や爪や毛髪が絶えず新生しつつ古いものと置き換わっていることを実感できる。しかし、置き換わっているのは何も表層だけではないのである。身体のありとあらゆる部位、それは臓器や組織だけでなく、一見、固定的な構造に見える骨や歯ですらもその内部では絶え間のない分解と合成が繰り返されている。

(『生物と無生物のあいだ』講談社現代新書、一六一頁)

間断なき全身的な流動によって、たまたま「形」のようなものが、そこに浮かび上がっているだけだ。それは、微細で総合的な流れのつくりだす束の間の「楼閣」にすぎない。

確固とした「容れ物」があるわけではない。

つまり、環境は常に私たちの身体の中を通り抜けている。いや「通り抜ける」という表現も正確ではない。なぜなら、そこには分子が「通り過ぎる」べき容《い》れ物があったわけではなく、ここで容れ物と呼んでいる私たちの身体自体も「通り過ぎつつある」分子が、一時的に形作っているにすぎないからである。

つまり、そこにあるのは、流れそのものでしかない。その流れの中で、私たちの身体は変わりつつ、かろうじて一定の状態を保っている。その流れ自体が「生きている」ということなのである。

（『新版　動的均衡　生命はなぜそこに宿るのか』小学館新書、二六一頁）

こう考えれば、私たちの身体は、もともと生まれた時から、まわりから区切られたたしかなもの（一個体）として存在していたわけではないだろう。生命体として維持されてきた今のいままで、環境と区別のつかない流れとして絶え間なくつづいてきただけではないのか。

われわれが生命でなくなる（死ぬ）時、この流れが途絶する。流れの一部が何らかの理由で消えてしまう。シュレディンガーのいい方を借りれば、エントロピーの増大にネゲントロピー（無秩序化に抗する生命の働き）が追いつかなくなり、生命は一気に無秩序化してしまうのだ。

このように考えると、死後、身体だけが残るというのではなく、そもそも最初から身体などはなく、「生命の動的平衡状態」だけが維持されていた「に過ぎない」のかもしれない。「身体図式」もまわりの環境との流動的やりとりの一部なのかもしれないのだから。身体も環境も、恒常的に生まれ消えていくのだから、どこにも固定した身体はないことになるだろう。

しかし、それでもそのような「動的平衡」による「形」が、もはや消えてしまうきっかけがあるだろう。蜃気楼そのものの消滅をうながすきっかけだ。その「きっかけ」とともに、平衡状態が同時に消えるのではないか。そうなると、〈私〉という「きっかけ」だけが、この状態にとっての〈他者〉ということになるのだろうか。物質界に降りたった〈私〉という謎、これはやはり手のつけられない謎のまま残ってしまう。

「そば清」という噺は、清兵衛さんが、着物だけ残して身体が消失してしまうというものだが、落語にはもっと変な消え方をする噺もある。本当のところは、消えたかどうかもわからない。「あたま山」という噺だ。いろいろな人がやっているが（笑福亭鶴笑さんのパペットものも凄い）、今回は、志ん生さんのを見てみよう。この上なくシュールな落語家の、最もシュールな話である。

吝嗇兵衛《けちべえ》さんという人がいた。名前通りのしみったれだ。花見時なんかに、人が食べているところに行くと、自分も食べたくなるので、そんなところには決して行かない。人が何にも食べていないところに行く。花が咲き終わって、葉桜になった時分にでかけて行った。

誰もいなくて、人が何にも食べていないから、自分も食べたくはならない。「葉桜だ、もとは桜があったんだと思えば、いいんだ」なんていっている。さくらんぼが落ちていた。食べてみるとうまい。「これは、ただだな、こりゃありがたい」ってんで、さくらんぼを無闇に食べた。

あくる年になると、吝嗇兵衛さん、頭がむずむずしてきた。

「ちょっと、おっかぁ、見てくれ」

「どうしたの？」

「頭がむずむずしてしょうがないんだ」

「おやおや、桜の芽生えがでてきたよ、お前さん」

「弱ったね、どうも」

そのうち、これがだんだん大きくなって、しまいには、吝嗇兵衛さんの頭の上で、満開の桜が膨れ上がった。

「どうです、吝嗇兵衛さんの頭、きれいだねぇ」

「今年は、よそ行かないで、吝嗇兵衛さんの頭の上で、花見をしようじゃないか」

みんなが頭の上に登ってきて、花見して、どんちゃんどんちゃん騒ぐ。酔っ払って喧嘩はする。吝嗇兵衛さん、やかましくてたまらない。

「しょうがねぇなぁこりゃ、頭の上でまたやってやがる。だめだだめだこりゃ。なんとかしなくちゃいけねぇ」ってんで、この桜を根っこから抜いてしまった。

するとそのあとに大きな穴が開いて、雨水かなんか溜まって池になった。池になると、鮒《ふな》だの鯉だの、鯰《なまず》やなんかわいてきた。これを「あたまが池」といって、また、みんなやってきた。

「あそこの鯉はいいよ、あたまが池の鯉、こないだなんか、うまかった」

「たっつぁんは、鯰釣ってきた、あたまが池で」

「じゃ、俺も行こう」

陽気がよくなると、ここで花火なんかあげる奴がいる。ばんばんってうるさい。

吝嗇兵衛さん、「あぁ、わたしほど因果な者はない」というので、ある晩、女房に書き置きをして、自分で自分の頭の池に身を投げた。


エピメニデスのパラドックスというのがある。クレタ人が、「クレタ人は、嘘つきだ」といったというものだ。もし、クレタ人であるエピメニデスがいったことが正しいならば(本当のことをいっているのであれば)、「クレタ人は嘘つきだ」という文に、このクレタ人本人はあてはまらない。つまり、クレタ人なのに、「クレタ人」ではないことになる。逆に、このクレタ人が、この文通り嘘つきだとすれば、「クレタ人は嘘つきだ」という文は、嘘になるだろう。いずれの場合も、矛盾が生じるというわけだ。

クレタ人がいった「クレタ人は嘘つきだ」という言明における「クレタ人」の集合のなかに、そのクレタ人自身は入ることができない。もし入ったら、その「クレタ人は嘘つきだ」という言明は、「真」と「偽」のどちらとも決められない状態になるからだ。

あたま山では、頭の上にできた「あたまが池」に、自分自身が身投げをしてしまう。池に自分自身が入ることができるのであれば、その池は、自分以外であり、かつ、自分より大きくなければならない。ところが、「あたまが池」は、吝嗇兵衛さんの頭の山のなかの池なのだから、それはありえない。自分の身体の一部であり、もちろん自分よりはるかに小さい。しかし、もし池に入ることができないのであれば、この噺は成立しない。

吝嗇兵衛さんの頭にある「あたまが池」のなかに、吝嗇兵衛さん自身は、入ることはできないはずだ。もし入れたら、「あたまが池」は、吝嗇兵衛さんの頭のなかにある池ではなくなる。身投げできるのであれば、「あたまが池」ではなく、どこか別のところにある普通の池になる。逆に身投げできないのであれば、あたま山の「あたまが池」は存在するのに、この噺は終わらない。つまり、落ちにいつまでたってもたどり着けない。これは、まさに「あたまが池のパラドックス」ではないか。

それでは、こう考えてみよう。「あたまが池」は、吝嗇兵衛さんの頭にできた池だけれども、何らかの理由で、すべてを呑みこむブラックホールになってしまった。通常、お空の遠くにあるブラックホールは直径六キロメートルくらいだが、途方もない力が加わりさらに圧縮されて、この男の頭の上に突然現出した。つまり、吝嗇兵衛さんの頭の上に、別次元への入口ができてしまったというわけだ。なぜだかわからないけれども。

この入口は、すべてを呑みこんでいく。だって、ブラックホールだから。たしかに吝嗇兵衛さんの頭の上にはあるけれども、吝嗇兵衛さんの頭部（さらには、首から下）とは、かかわりがない。入口だけが〈あたまが池〉として浮かんでいる。不思議なことに。

だから、この池に少しでも身体を入れれば、ものすごい引力によって、ずるずると（あるいは、シューと）中心の特異点へ移行し、すべては消滅してしまう。そう考えると、「あたまが池」に身を投げたといっても、吝嗇兵衛さん、思い切りよく身体ごと飛びこんだわけではない。おそらく、自分の頭の上の異次元の入口である「あたまが池」に、手なり（手を「あたまが池」に触れる）足なり（ヨガのポーズをとり、足先を「あたまが池」に浸ける）を入れたのではないか。そうすれば、あっという間にすべては消えていく。そう考えられないか（考えられない）。

西田幾多郎は、一九二六年に「場所」という論文を書き、真の独創的哲学者になったといわれている。「場所」で提示された考えとは、この世界の根底に「絶対無の場所」があり、この場所に包摂される「相対無の場所」（意識一般）があり、さらにそのなかに、物理的世界があるというものだ。「絶対無」というのは、「有−無」の対立としての「無」ではなく、存在と無という対立をもつつみこむ絶対的な「場所」という意味である。

したがって、「相対無の場所」というのは、意識を無にすれば、物質界が存在として現れるということであり、あくまでも「有無」の二項対立の片側ということになるだろう。眼の前にいま「ペリカンのスーベレーン８００」がある。そしてその万年筆を別の部屋にもっていくと、それは、眼の前にはない。といったような「ある−なし」だ。

それに対して「絶対無」は、あったり（有）、なかったり（無）はしない。絶対的に「無」であり、より正確にいうと、絶対的に「有無以前」とでもいった方がいいだろう。このような世界の基底を、西田は、つぎのようにいう。

限定せられた有の場所から、その根柢たる真の無の場所に到ることである、有の場所其者を無の場所と見るのである、有其者を直《ただち》に無と見るのである。斯くして我々はこれまで有であった場所の内に無の内容を盛ることができる、相異の関係に於てあったものの中に矛盾の関係を見ることができる、性質的なるものの中に働くものを見ることができるのである。

存在しているものが満ちみちている相対的な場所（すべてのものが対立によってできているこの世界）に、無理やり「無」をもちこむ。何の問題もなくつじつまの合っていた領域に矛盾を盛りこむ、というのだ。こうして、西田のいう「絶対無」が、われわれの生活の場の裏面に存在（無として）し始める。

（「場所」『西田幾多郎哲学論集Ⅰ』岩波文庫、一一五頁）

この「絶対無の場所」に、われわれは毎瞬触れていると西田は考えた。〈いま・ここ〉である現在（西田のいう「絶対現在」）は、〈永遠の今〉と呼ばれ、それは絶対の領域なのだ。その領域は、そのつど、われわれに対して深淵を開いている。

死ということは絶対の無に入ることであり、生れるということは絶対の無から出て来ることである。それは唯絶対矛盾的自己同一の現在の自己限定としてのみいい得るのである。

（「絶対矛盾的自己同一」『西田幾多郎哲学論集Ⅲ』岩波文庫、五二頁）

「絶対無」は、この世界にぽっかり開いている死の淵であり、そこへの出入りこそが、生死そのものなのだ。われわれは、生きていながら（連続）、つねに死と触れている（非連続）。それこそが、西田のいう「絶対矛盾的自己同一」という概念である。

最後の論文である「場所的論理と宗教的世界観」では、つぎのようにいい切っていた。

死すべく生れ、生るべく死するのである。時の瞬間は永遠に消え行くものなると
ともに、永遠に生れるもの、即ち瞬間は永遠である。

（『西田幾多郎哲学論集III』岩波文庫、三〇七頁）

西田によれば、われわれは、生の領域で連続して存在しているわけではない。つねに、そのつど死の領域に接し、そのつど生まれてくる。生成消滅しているというわけだ。私たちは、「非連続の連続」として生きていくのである。

「私と汝」という論文では、「生命の流」について、こういっている。

大なる生命の流は死即生の絶対面の中に廻転しつつあるのである。時は永遠の今

の中に生れ永遠の今の中に消え去ると考えられる如く、歴史は永遠の今の中に廻転しつつあると考えることができる。

（『西田幾多郎哲学論集Ⅰ』岩波文庫、二八六頁）

福岡伸一のいう「動的平衡」は、西田によれば、「死即生の絶対面における廻転」ということになるだろう。そして、ついに西田幾多郎は、「あたまが池」に身投げする斉藤兵衛のことを、つぎのように書くに至る。

我々は何処までも自己を対象的に見るとともに、いつも対象界を越えているのである。そこに、我々人間の存在があるのである。人間のみ死を知る、人間のみが自殺するのである。

（「論理と生命」『西田幾多郎哲学論集Ⅱ』岩波文庫、一八七頁）

斉藤兵衛は、「あたまが池」を越えている（自分の頭にある池だから）にもかかわらず、その池を対象的に見ることもできる（その池に身投げできるのだから）。だからこそ、自分が、自分自身の頭の池で死ぬこともできるということだ。自分の死を自分自身だけで完結させることができるのである。

「一般者の自己限定」では、この事態をつぎのようにいっている。

「自己が自己に於て自己を見る」といふ時、「自己が」と「自己を」とが対立するが、自覚の極限に近づくに従つて、「自己を」の面が「自己が」の面に合一せなければならぬ。

（『西田幾多郎全集　第四巻』岩波書店、三〇九頁）

「あたまが池」に吝嗇兵衛さんが飛びこんだとき、その行為自体がそもそも矛盾しているのだから（「あたまが池のパラドックス」）、決してこの行為は遂行できなかったはずだ。

しかし、「あたまが池」が「絶対無」であったならば、「自己が」（吝嗇兵衛さんが）、「自己に於て」（自分の頭の上のあたまが池において）、「自己を見る」（自分の姿を池の水面に見る）ことができるのではないか。何といっても、「「自己を」の面（あたまが池の水面）が「自己が」の面（吝嗇兵衛さん）に合一せなければならぬ」のだから。

そうなると、「あたまが池」とは、「絶対無の場所」だったのではないか！（う～ん、これは、いくらなんでも暴走し過ぎだろう）

—付録—

本編で取り上げられなかった「哲学噺」と、傑作落語本

子別れ・下

大工の熊五郎は、酒におぼれて吉原の女を家にひっぱりこんで、女房、子供を追いだした。その後、吉原の女もいなくなり、酒をよしてまじめに大工の仕事に精をだす。三年経って、仕事の途中に、たまたま息子の金坊に会う。金坊に五十銭のお小遣いをあげ、翌日、鰻を一緒に食べることを約束した。

金坊は、おっかさんの待つ家に帰る。五十銭をみつかり怒られて金槌で打《ぶ》つとまでいわれる。金坊は、泣きながらおとっつぁんのことをばらす。次の日、母は、おとっつぁんと鰻を食べにいく金坊のあとから、その鰻屋に行き、久しぶりに熊五郎と会う。

よりを戻そうと二人で話し、母親が「この子のおかげで、よりが戻せる。子は鎹《かすがい》ってが、まったくだねぇ」というと、すかさず金坊が「それでおっかさん、金槌で打つっていったんだ」

親と子供の関係には、時間の流れが深くかかわっている。それぞれの時間が、不可逆的に流れているから、親と子供は、どうしようもなく非対称な関係だ。親は、子供の誕生からはじまって、その子の歴史をすべて知っている。物心つくまでも知っているから、本人より本人のことをよく知っていることになるだろう。記憶していない幼児の頃や幼稚園・保育園の頃のことは親の方が、はるかによく知っている。

ところが子供は、親のことをそれほど知らない。親の子供のころ、親が恋愛をして結婚する時期。自分を生んで育てた頃のこと。子供は、何も知らない。金坊のように、おっかさんから親のなれそめの頃の話をきかないかぎりは。このような根本的に非対称な関係が、親子関係である。

親は、ある意味で、自分の子供の誕生や成長を通して、自分自身の記憶の彼方を推測しているのかもしれない。自分もこうして生まれて親に育てられたのか、と。自分自身の歴史を子供のそれに重ねているのかもしれない。

それに対して、子は、逆縁という悲劇がおこらないかぎり、親の死に立ちあうことになるだろう。子は、そこで、人間が確実に死ぬことを知り、しかもその死ぬプロセスの詳細とじっくりつきあうことになる。

このように考えれば、親と子は、根本的に非対称な「他者」ではあるが、しかしそれは、時間の流れが介在している「相補的な他者」といえるかもしれない。つまり親は、自分の過去を子によって知り、子は、自分の未来を親によって知るという相補性だ。

われわれの存在が時間の外側に立つことができない故に、決して同じ土俵で比較することはできない親と子という関係は、このようなかたちで深く結びついているといえるだろう。ちなみに私は、熊五郎が仕事の途中でたまたま金坊にあうところで、かならず落涙してしまう。

文七元結

左官の長兵衛が、博打にうつつをぬかし一文無しになった。そのため、娘のお久は吉原の遊廓佐野槌《さのづち》に身売りをしようとする。それを知らない長兵衛は、佐野槌の女将に呼ばれて吉原に行く。お久を預かるから、五十両を貸すという。一年後返せばいいという。それまでお久を預かり店にはださないと約束してくれた。

そのお金をもって、吾妻橋までくると、若い男（近江屋の手代・文七）が身投げをしようとしている。訊くとお得意様に行った帰りに、掏摸《すり》にあって五十両とられたという。迷いに迷ったあげく長兵衛は、五十両をもっているいきさつを話したうえで、その金を文七に投げるように渡し去っていく。

奉公先にもどると主人と番頭が、得意先から、文七が忘れていた五十両が届いたという。その手元にある五十両は何だと訊かれ、文七は事情を話す。長兵衛が話していた「佐野槌」という名前がやっとわかり、近江屋は、佐野槌からお久を身請けして、長兵衛のところに行き、厚くお礼をいう。長兵衛夫婦は、近江屋に頼まれ、文七の親代わりになり、お久と文七は夫婦になる。

落語では、「しくじる」男たちが多く登場する。この噺の長兵衛、「子別れ」の熊五郎、「芝浜」の魚熊（魚勝）など。酒でしくじる、女性でしくじる、博打でしくじる。「しくじる」といろんな人に迷惑をかける。いろんなことをいわれる。

私も結構「しくじった」。高校もしくじったし、泥酔して新宿駅のホームから墜ちて顎の骨も折った。他にも恥ずかしくて（差しさわりもあって）いえない「しくじり」はたくさんある。

しくじった時にわかるのは、こちらに説教してくれる相手の器の大きさだ。この噺にでてくる佐野槌の女将は、しくじった相手に対する対応としては最高である。見本のようだ。「しくじり」をした人間のことをちゃんと理解し、心から思いやっている。解決策も提示してくれる、自分の身を切って。この女将の有難さは、しくじった人間にしかわからないだろう。

落語は、「しくじった」ことのある人間にとっては、なくてはならないものだ。長兵衛や魚熊の気持ちが、内側から本当にわかるから、自分の話として追体験できる。自分だけが苦しいんじゃない、生きているといろんなことがあるもんだ、ということを、こちらを笑わせながら教えてくれる。この上ない素晴らしい芸だと思う。

哲学の動機は「悲哀」だといったのは、西田幾多郎だ。涙や苦衷に染まっていない哲学は偽物である（これ、本当）。落語には、多くの種類の「悲哀」がたっぷりつまっている。哲学もそうだ。人生における苦しさや悲しさの経験から哲学や落語が生まれたのだから、この二つは、双生児のようなものだといえるだろう。

三方一両損

左官の金太郎が財布を拾う。金子《きんす》三両と書き付け、印形《いんぎょう》が入っていた。住所も名前も書いてあったので、その大工の吉五郎のところへ届けにいく。吉五郎に財布を渡そうとすると、書き付け、印形はもらうが、金はいらねぇと突っぱねる。二人で、渡す、いらねぇと喧嘩が始まり、大家にとめられ、結局、お白洲で審議となる。

南町奉行大岡越前守《おおおかえちぜんのかみ》による調べが始まった。吉五郎も金太郎も決してお金を受けとろうとしない。大岡越前は、一両足して四両にし、吉五郎・金太郎に、その正直さを愛《め》でて二両ずつ褒美として渡した。それぞれが一両ずつ損をしたから（吉五郎・金太郎は、そのままうけとれば三両だったので）、この裁きは「三方一両損《さんぽういちりょうぞん》」となる。

越前から二人に食事がだされた。二人がすごい勢いで食べるので、奉行がたしなめると「へぇ、心配御無用。多かぁ（大岡）食わねぇ、たった一膳（越前）」

いつごろからお金の話をテレビや雑誌でおおっぴらにするようになったのだろう。野球選手の年俸やら芸能人の出演料やら、よく話題にのぼるようになった。たしかにこの世界で暮らしていくには、お金は大切だ。生きていくためには、まず必要なものだとは思う。ただ、それを前面にだされると、なんとも白けてしまう。われわれが、ここにこうして生きていずれ死ぬということの方が、もっと大事な問題ではないのか。遅かれ早かれ棺桶に入るのであれば、経済的価値観だけに支配されるのは、とてもおかしなことだ。その考え方こそ、（生きていることそのものが不条理ということよりも）理不尽ではないか。それに新約聖書にあるように、「金持ちが神の国に入るより、らくだが針の穴を通るほうが易しい」という立場もある。

いまのお金べったりのこうした風潮に対して、吉五郎や金太郎の気風《きっぷ》のよさはどうだろう。こういう啖をきくと、「江戸っ子」っていいなぁと心底思ってしまう。この啖は、最初から最後まで「すがすがしい」の一言だ。見事なくらい美しい。最近の人物で、これに匹敵するのは、二十億円以上の契約金を蹴って広島カープに戻ってきた黒田博樹くらいだろう。吉五郎・金太郎・博樹は、人間の鑑《かがみ》である。

この啖は、胸に刻んでおきたい名言の宝庫だ。「江戸っ子の生まれ損《ぞくな》い、金を貯め」「それァ以前《もと》ァおれの金だったァ、以前《もと》ァなァ、うん。だけども、いったん懐から飛び出したんだァ、二度と敷居をまたがせねェんだ」「こっちァ、生涯親方なんぞにはなりたくねえ、人間というものは、出世するような、そんな災難に遭いたくねえと思やこそ、あっしァ朝晩、神棚に手を…」(『志ん朝の落語6』ちくま文庫)。こんな素晴らしい言葉がきけるのも落語の醍醐味だろう。

「三方一両損」は、現世的なもの、出世、金持ちといったことが、価値の低い、ほんのうたかたのものであり、それらに対する恬淡《てんたん》とした態度こそ、「まともな」人間のあり方だということを教えてくれる。

抜け雀

小田原の宿に、汚い若い男が泊った。毎日、三升の酒を呑み七日間いる。心配した宿の主人が、お勘定をというと一文無しだという。困った主人が、宿代の代わりに何かできないかというと、衝立てにササッと絵を描いて宿をでていった。五羽の雀の絵だ。

つぎの朝、絵のある部屋の雨戸を開けると、絵のなかの雀が飛びだして、向かいの屋根で餌をあさって絵のなかに戻ってきた。このことが評判を呼んで、この宿に大勢の客が泊りに来る。当時の城主がやってきて千両で買いたいといいだす。

そのうち、噂を聞いて、年頃六十五、六の武士がやってきた。「名人の作」という評判の雀の絵を見て、「名人ではない。素人に毛の生えたようなものだ」という。止まり木がないから、雀は疲れて死ぬぞ、といって鳥籠を描いて、宿をでていった。

それから二月《ふた》ばかりして立派な若いお侍がやってきた。最初に雀を描いた侍だ。宿の主人が、鳥籠が描き加えられた絵を見せると、この侍は、自分の絵の師匠である父が鳥籠を描いたことがわかった。「わしは、たいへんな親不孝だ。大事な親を駕籠《かご》かき（籠描き）にした」

われわれは、技術的な革新が、予想をはるかに上回る速度でなされていることを知っている。たとえば、将棋電王戦。アマチュアにとっては、神に近い技術をもつプロ棋士が、ＡＩに負けた。最初は、二〇一三年に佐藤慎十四段（当時）が、ponanza に敗れ去った。そして四年後、叡王佐藤天彦も、同じソフトに完膚なきまでに打ちのめされた（二連敗）。今も機械学習によってレベルアップしていくＡＩには、もはや人間は、とてもかなわないだろう。

しかし、だからといって人間だけの技術にもはや関心がなくなったわけではない。もしそうであれば、藤井聡太七段（現在）の活躍に心躍らせることはないだろう。羽生善治と藤井のタイトル戦を、将棋ファンは誰しも心待ちにしている。

人が技術を習得するというのは、どのようなことなのか。人そのものも機械と同じように一つのシステムである。身体も大脳も精神も、〈私〉にとって、「他者」的なあり方をしているといえるだろう。それらを使いこなすことによって、達人、名人になる。

宮本武蔵や塚原卜伝をもしのぐ日本最強の武道家といわれている佐川幸義《ゆきよし》について書かれた『透明な力』（木村達雄、文春文庫）を読むと、人間の能力がまだまだ解明されていないことがよくわかる。九十歳の佐川幸義が、軽く触れるだけで屈強な武道家を投げ飛ばすのだから。まだ、何もわかっていないに等しい。

この噺にでてくる二人の達人の腕比べは、そういう人間の可能性を描いているといえるだろう。それに、ＡＩという「他者」だって、人間の能力によって開発されてきたのだから、「身体」「脳」という「他者」を使いこなす達人と、その構図は同じなのだ。

甲府い

甲府育ちの善吉が江戸にでて仕事をしようとする。身延山で願掛けをし上京したが、巾《きん》着《ちゃく》切りにお金をすられてしまう。困った善吉は、江戸中を歩きまわり空腹に耐えかねて、とある豆腐屋の店先で卯の花を盗って食べてしまう。店の者につかまり、主人が事情を尋ねると、法華宗を信仰するものだとわかる。主人も大変な法華宗の信者で、その店も「法華豆腐」などと呼ばれているくらいだ。善吉をとても不憫に思い、自分の店で働かせることにした。

善吉は、それから毎日懸命に働き、「豆腐ぅ～い、胡麻入～りい、がん～もどきい」といいながら売って歩いた。店は大繁盛した。豆腐屋の主人は善吉を養子にし、娘は善吉と結婚する。善吉は店で十年働いたので、夫婦そろって身延山の願ほどき（お礼参り）をし甲府に里帰りすることになった。

旅支度をし、若夫婦が店をでようとすると、近所の人たちから、「どちらへおでかけですか」と訊かれ、「甲府（豆腐）〜い、お参〜り（胡麻入り）、願〜ほど〜き（がんもどき）」

あの人と出会わなかったら、いまの自分はない。こういう思いをもつ人は、少なくないだろう。人との出会いが、われわれの人生を大きく変えていく。善吉も、卵の花を食べた店が、たまたま「法華豆腐」だったから、その後の人生が好転した。これが、「真言茶屋」や「真宗米屋」だったら、そうはいかなかっただろう。

ベルクソンに「回顧的錯覚」という概念がある。私がいま哲学を生業《なりわい》にしているのは、幼い頃死について思い悩んでいたからだといったとしよう。しかし、幼い頃私は、漫画を描くのも好きだったし、プロレスもウルトラマンもお坊さんも好きだった。死について悩むだけの暗い子供だったわけではない。

その時代に遡れば、いろいろなことをしていたし、さまざまな可能性が開けていたはずだ。いまの状況から出発して、都合のいい原因をひとつ見つけて因果関係をつくること、これが「回顧的錯覚」だ。この噺について、のちの善吉から遡って、その成功は「法華豆腐」の店先で卵の花を食べ、主人と出会ったからだ、というのもこの「錯覚」の一種だろう。

しかし、そうはいっても不思議な感覚が残る。人生における特別な人との出会いは、多くの可能性のひとつにすぎないのだろうか。ちょっと変なことをいうようだが、可能性は、純粋なかたちでは存在しない。可能性が可能性のまま実現すれば、可能性とはいわないだろうから。たとえば善吉が、「法華豆腐」で卯の花を、「真言茶屋」でお団子を、「真宗米屋」でおにぎりを、盗み食いしている状態が、同時に実現することはない。

われわれは、時間の流れのなかで、必ずただ一つの現実を選ばざるをえない。私たちが生きる時間は、「たまたま」(可能性のひとつ)が、「かならず」(現実)につぎつぎと変わっていく過程だ。このように考えれば、善吉が、「法華豆腐」の卯の花を食べたのは、偶然でもなく必然でもない。やはり、「たまたま」と「かならず」の接点である「不思議な出会い」とでもいうしかないだろう。

『寄席放浪記』

色川武大（河出文庫）

とてもまともで「本物」といいたい人物がいる。私にとって、色川武大がそうだ。学校で「道徳」なんて教えるくらいなら、高校で一年かけて、色川さんの比類なき名著『うらおもて人生録』（新潮文庫）をじっくり講義した方がずっといい。生きることの原理論が、著者の経験をまじえてわかりやすく説かれている。「いずれ我が身も」という珠玉のエッセイ（中公文庫）を読んでもそう思ったのだが、色川さんくらいキリストに近い（愛の本質を体得している）人物は、そうそういないのではないか。本気でそう思う。さて、その色川さんは、子供のころ寄席の席亭になりたかったらしい。

ところがどうも学校というものに馴染めなくて、サボって街の中をうろついていたので、映画や寄席ばかりでなく、浅草のレビュー小屋や東京都内に点々とある小芝居まで、よく見ていたな。十歳ぐらいの頃から約五十年ぐらい、たっぷり見ているから、本人は何の芸もないけれども、見る眼だけは肥えてるんだな。子供のときの夢は、寄席の席亭になることだった。自分で割り（番組）を造って、お客に見せる、そういうことに憧れててね、席亭ってのは自分は何もやらないから、怠け者にもできると思ってた。（四頁）

色川さん好みの独特の噺家たちの逸話が、実に親身に（その噺家に）寄りそって描かれている。最晩年「典型的な下積み」になってしまい、競輪場でよく見かけるようになった古今亭甚語楼にタクシーで出会う話は、こうだ。

もう晩年の頃だが、タクシーの中で甚語楼のラジオを聴いた。（中略）甚語楼のは普段やるままをそのまま早口にして、なんとか時間内でしゃべりきろうとしていた。普段でもせかせかとした口調が、そのためいっそう猛烈に急テンポになり、話の句読点もあればこそ、うわッという勢いで、何をしゃべっているのかすらわからず、本人だけが必死に汗を流していた。

融通のきかない古今亭甚語楼の様子が、まざまざと眼に浮かぶ。哀しいともおかしいとも何ともいえない人のあり方が描かれている。あるいは、先代の爆笑王・林家三平が、寄席のトイレで、まだ勤め人だった村松友視に向かって、小用を足しながら人差し指を額にあてて「こんばんは、三船敏郎です――」といった話も、三平の人を笑わさずにはいられない芸人としての性《さが》がとても印象的だ。（四〇頁）

色川によれば、文楽や志ん生は、古典落語を自分にひっぱり寄せたのだという。志ん生の「火焔太鼓」や「風呂敷」や「お直し」は、「新作」に等しいものなのだ。文楽もただの「ワザの練達」だけではなく、噺に登場する人物の陰影を濃くしたのだから、創造的な側面もあるといった指摘もうなずける。

志ん生さんの高座で眠る姿を二度も見た話を最後に引用しよう。

> 高座での寝姿は私も二度見ている。一度は人形町末広の大喜利のお題ばなしに珍しく志ん生が現われたと思ったら、坐ったきり鼾をかきだして、トリの鈴々舎

馬風が揺すぶっても起きない。

「おッさん寝ちゃったよ。しょうがねえや、お客さん、これでおしまいにします」

と馬風がいい、客も大笑いして帰り支度をはじめた。もう一度は新宿だったか。

（五六～五七頁）


志ん生さんしかできない見事な「芸」を二度も見ることができた色川さんが、心底うらやましい。

また、この本に収録されている色川さんと立川談志の対談もすごくいい。ここでの談志は、大好きだ。芸人や寄席をとことん愛し、底知れない記憶力で当時の芸をつぶさに話す。寄席小僧・談志の面目躍如といったところか。

『今夜も落語で眠りたい』

中野翠（文春新書）

「いい落語の入門書はないですかね」と、もし学生に訊かれたら、ためらうことなく本書を紹介するだろう。もちろん落語をいきなり聞くのが本道だけれど、どんな噺からきけばいいのかもわからないというのであれば、この本が一番だ。

中野さんが落語にのめりこみ、どのようにいろんな落語家を聴き感動したのかが、とても親しみやすく書かれている。たくさんの落語を聴いていらっしゃるにもかかわらず、それをいっさい鼻にかけないところが、また最高だ。まずは、落語の虜になった瞬間。

それは一九八五年十二月十六日の深夜のことだった。気まぐれにＴＢＳ「落語特選会」で古今亭志ん朝が『文七元結』を演《や》っているのを観て、私は完全にノックアウトされたのだった。聴き終わった時は笑いと涙で顔がくしゃくしゃだった。たまたまビデオ録画していたので、すぐにビデオで観直してみた。さらに深く心にしみた。思わずTVに向かって、一人、拍手していた（バカみたい……）。窓の外は白白《しらじら》と明けていた。

（一二頁）

志ん朝の「文七元結」の圧倒的な力を経験した者であれば、心から納得できる瞬間だ。長兵衛、「佐野槌」の女将、（実は）廓に詳しい番頭などなど。癖のある面白い人物群が、人の喜怒哀楽を笑いとともにぞんぶんに提供してくれる。手練《てだ》れの面々による壮大なシンフォニーの演奏のようだ。志ん朝さん（そして、もちろん落語）の最高傑作である。

第一章は、厳選された噺家と噺の紹介だ。いずれもわかりやすく、読むとかならず見たくなり聞きたくなる。とてもすぐれたレビューである。文楽、志ん生、小さん、正蔵、馬生、円生、三木助などなど……。これだけ聞けば、かなりの落語通になるだろう。

そのなかで（志ん朝さんの「火事息子」の欄で）、中野さんは落語についてこんなことをいっている。落語は「笑い」とともに、われわれを「幻の町」に連れていってくれるというのだ。いまはどこにもない「笑いの国」に落語は私たちを運んでくれる。

三遊亭円丈さんが、新作でSFをやっても決してうまくいかない、と書いていたが、それは、古典落語が、はなっからSFだからではないのか。だって、ほとんどの噺が、江戸への、つまり「幻の町」へのタイムスリップなのだから。

しかし、こうした落語との幸せな蜜月も、唐突に終わりを告げる。古今亭志ん朝の死について、中野さんはつぎのように語る。

> 二〇〇一年十月一日。古今亭志ん朝さんはこの世を去った。呆然自失。身近な縁者でも何でもない。はるかに遠くにいる有名人の死に、あれほど大きな衝撃を受けたのは私は初めてのことだった。それは一個人を超えて、もっと大きく、深く、「ある教養の死」のように感じられたのだ。（二一五頁）

「教養」とは、福田恆存《つねあり》のいう「一時代、一民族の生き方が一つの型に結集する処に一つの文化が生まれる。その同じものが個人に現れる時、人はそれを教養と称する」（二一六頁）ということらしい。たしかに、文化が、そして文化をまるごと体現した落語家が亡くなったのだから、ある教養が消えてしまったといえるかもしれない。志ん朝さんの死は、たしかに「ある教養の死」なのだ。

本書は、落語の世界に、優しく、しかもかなり深いところまで導いてくれる最良の入門書である。

『落語の言語学』

野村雅昭（講談社学術文庫）

日本語学を専門とする研究者が書いた落語の「言語空間」についての本。しかも、著者の野村さんは、年季の入った落語の見巧者だ。名著である。最初に落語がどのような芸なのかということが、実にわかりやすく説明される。漫談や漫才とのちがいをつぎのように語る。

そのちがいはどこにあるのかといえば、それは型の有無ということになるだろう。落語は、融通無碍《ゆうずうむげ》な芸であり、台本もない世界である。だからこそ、かろうじて、ここまでいきのびてこられたのだが、それでも一定のわくはみとめられる。ときに、それをこわしたり、やぶったりする演者があらわれるが、それは型の存在を意味するものだろう。

（一七頁）

落語というとても不思議な芸が、どのような型をもっているのか。その「型」を、ことばという側面から探るのが、本書の目的だと野村はいう。

それをかたるのに、なんの装置や道具も必要とせず、ただ扇子と手ぬぐいを補助手段として、三寸の舌のみを武器とする。一枚の舌で、将軍や大名を高座によびだすこともできれば、遊廓や冥界にまであそぶことを可能とする。キキテを仮構の世界にさそいだし、最後のオチで現実の世界にひきもどす。そのためには、あらゆる種類のレトリックがもちいられる。

（一九頁）

派手な衣裳も大道具もなく、演じるのは噺家ただ一人。使う武器は「ことば」だけなのだ。何とも凄い芸だといえるだろう。このような視点から、実に深く網羅的な考察が繰りひろげられる。

演者と客の関係。たとえば初期のテレビでは、無人のスタジオで落語家はしゃべった。

しかし、これは、やる方も見る方もつまらない。アメリカのテレビドラマ（たとえば、懐かしい「奥さまは魔女」など）で、客の笑い声をいれているのも、この閉鎖した空間を「生きたもの」にするための工夫だという。その通りだと思う。

このような視点から野村は、（南不二男の分析をもとにして）「一対複数」は、さらに「一対特定複数」と「一対不特定多数」とにわかれる。この分類によれば、落語は、ある会場での講演や教室における講義などとおなじく、「一対特定複数」の談話である」（四三～四四頁）という。非常に明晰だ。

さらに次のような面白い視点も提示する。

> この「一対特定複数」は、落語のオクリテとウケテのあいだの基本的な関係である。ところが、落語の特徴は、いざ本題にはいれば、今度は登場人物のあいだで、また別のネットワーク関係が構成されることにある。
>
> （四四頁）

なるほど。演者と複数の客との間だけではなく。噺に登場する人物たちの関係も、そこにかかわってくるというのだ。ミハイル・バフチンが『ドストエフスキーの詩学』において、ドストエフスキーの小説の特徴を「ポリフォニック」（多声的）といったのと通じるものがあるだろう。とても斬新な見方だ。

さらに、落語の構造として、「マエオキ↓マクラ↓本題↓オチ↓ムスビ」（五三頁）と分類し、マエオキとマクラ、オチとムスビとの関係を詳細に分析する。実に面白い。落語の構造を、これほど緻密に分けた人がいるだろうか。

あるいは、「柳田格之進」をつかって、三代目春風亭柳枝（一九〇〇年ころの速記）と志ん朝さん（一九三八〜二〇〇一年）の「武士ことば」のちがいをつぶさに分析するところは圧巻だ。たしかに、以下のようにかなり異なる。

「然《しか》らば改めて受取つて呉《く》れイ」（中略）「確に百両御座います……左様なら御免下さい」「しばらく俟《ま》つて呉れイ」「へヱ……」「久兵衛、人間は随分思ひ違ひを致さんと限りのない者でもない。又物を蔵《しま》ひ忘れると云ふ様なことも随分多くあるものだが……万一《もし》此後其《このちその》百両の金が用箪笥の抽出しか、又は押入の隅あたりから出るとか、或ひは盗みし其本人が顕《あら》はれたら如何致す」（三代目春風亭柳枝「碁盤割」）

「ごめんくださいまし」「おう、番頭か。こちらへはいんなさい。そこをしめてな。約束どおり、ここに五十金ととのえてある。もっていきなさい」「あっ、さいでござんすか。へ、えー、ありがとうございまし。どうも、おさわがせいたしまして、もうしわけございません」「まちなさい。その金はな、ことわっておくが、わしが万屋方からもちかえったものではないぞ。よそから都合してきたものだ。それからな、ことわっておく。もし後日他より、その、なくなった金がでたおりには、そのほう、なんとする」（三代目古今亭志ん朝「柳田格之進」）（三六〜三七頁）

現代のわれわれからみれば、志ん朝の武士言葉も、随分古い言葉のように思われるが、本来のもの（といえるかどうかは、わからないが。すでに明治なので）とは非常にかけはなれているのがわかるだろう。このような比較によって、時代の変遷を身近に感じられる。

野村さんは、「落語の言語学シリーズ」を三冊刊行している。二冊目の『落語のレトリック』（平凡社選書）では、「火焔太鼓」のレトリックの分析や「志ん生の比喩表現」の秀逸さの指摘、三冊目の『落語の話術』（平凡社選書）では「「火焔太鼓」の間の分析」や「三代目桂三木助の間」など、驚くような分析や指摘が目白押しだ。このシリーズは、落語界の至宝だと思う。

面白かった話を一つ。単行本では「元犬」というタイトルが、名詞のつくりとしては無理な結合だといわれていた。ところが、十九年後の文庫版のあとがき（二〇一三年）では、以下のような記述があり感心してしまった。

「元犬」という噺は今でも演じられますが、その演題のなりたちが一般の造語法からはずれていることを本文で記述しました（二九六ページ）。ところが、近年、「モトカレ（元彼氏）」だの「モトカノ（元彼女）」だのといった新語がうまれているのです。これは「元犬」の造語法そのものです。

（三二二頁）

野村雅昭さんは、研究者の鑑《かがみ》である。

『哲学的落語家！』

平岡正明（筑摩書房）

平岡正明は、落語について多くを語っている。『大落語（上・下）』（法政大学出版局）、『志ん生的　文楽的』（講談社）、『シュルレアリスム落語宣言』（白夜書房）など、圧倒的分量と内容だ。だが、この人の文章は、足が速すぎて私にはついていけない。

しかも走るさまが尋常じゃない。ただただ恐ろしい。路傍の植物、鉱物、昆虫、電信柱など、ありとあらゆるものが壊されていく、こなごなに。たとえば花田清輝もかなり速いが、走り去った後、まわりの風景が美しく一変している。まったくちがう。

さて本書は、桂枝雀についての本だ。ただ例によって、内容は渾沌としている。まずは、枝雀が爆笑王になったいきさつから。平岡は、こういう。

> 襲名時三十四歳、小米《こよね》が枝雀になるにあたって、思想が変ったから別人になった。枝雀の夢野久作化である。

「枝雀の夢野久作化」？　「日和ちがい」という噺の枕で、「アメーバーから人類までの万有進化論」を枝雀が語る。それが、夢野久作の『ドグラ・マグラ』における胎児の「万有進化の大悪夢」に影響されているというのだ。

ヘッケルが「個体発生は系統発生を繰りかえす」といったように、夢野が描いた「悪夢」が、枝雀のなかで「系統発生」になり、新しいギャグが誕生したと平岡はいう。とてつもない話だ。やはり、ついていけない、かなり面白いけれど。

落語についてのどの本でもそうだが、平岡は、ジャズと落語を本気で融合させようとする。

（三〇頁）

父親の「お直し」をきいた志ん朝は、しばらく考えていたが、桐下駄をつっかけて「シャルマン」にビリー・ホリデイを聴きに行くのである。（中略）志ん朝は娼婦の理想にビリー・ホリデイを置いていたのではあるまいか。

（『大落語』下、四九七頁）

そうかもしれない、そうじゃないかもしれない。でも志ん朝さんが、セロニアス・モンクが好きだったのは有名な話だ。志ん朝さん自身が、こう語っている。

ある日、「シャルマン」に行ったら『セロニアス・イン・アクション』がかかってた。それまで、モンクってついぞ聴いたことがなかったんですよ。とっても不思議な音でね。（中略）それが、聴いてるとちっとも不快じゃなくて、楽しくなってきた。で、店のご主人に「これ、何ていう人？」「セロニアス・モンク」「セロニアス？　モンク？　ヘンな名前！　他にもあるの？」「こういうのがあるよ」なんていいながら、いろいろ聴いてた。そうやって聴いてるうちに「ああ、これは志ん生だな」と思ったんですよ。

（『セロニアス・モンク　ラウンド・アバウト・ミッドナイト』講談社、二五〜二六頁）

たしかにモンクは、志ん生だろう。これは、よくわかる。じゃ、志ん朝は？　パーカーか、マイルスか……。まさか、コルトレーン？

最後に平岡が、エリック・ドルフィーと桂枝雀を見事にセッションさせるところを引用しよう。

枝雀は自分の資質がエリック・ドルフィーに近いことを自覚し、心斎橋界隈のジャズ喫茶に通ってドルフィーのレコードを聴き、火達磨のような速度で演奏するときにはアルトサックスで、ゲボゲボゲと不気味に迫るときにはバス・クラリネットで、涙が出るほど抒情的に表現するときにはフルートに持ちかえて演奏するエリック・ドルフィーのやりかたを落語化した、と。だから一九六四年にドルフィーがベルリンで客死したとき小米は泣いただろう。

（二九九頁）

桂枝雀もまた、その三十五年後に彼岸に旅立っていった。

『なぜ「小三治」の落語は面白いのか?』

広瀬和生(講談社+α文庫)

この本は、ヘヴィメタの専門誌の編集長である広瀬さんによる小三治のインタビューである。実は、このタイトルのなかにすでに、柳家小三治の落語の秘密が隠されている。「面白い」とはいったい何か?

小三治が、「面白い」という語にこだわりがあるのは有名な話だ。小三治自身の著書である『落語家論』(ちくま文庫)から引用してみよう。師匠の小さんに「長短」という噺を聴いてもらったときのこと。

ボクの噺を一通り最後まで聞いた後で、腕組みして、一呼吸二呼吸沈黙があって、たったひとこと、

「お前の噺は面白くねぇな」

このひとことは効いた。グサッと心の臓を突き抜いた。しかも、どうしたら面

白くなるでしょうかとは聞けない威厳があった。

（五七頁）

この「面白い」という形容詞は、実に趣深い。笑えるとか、感心するとか、おかしいとかいうのではない。「面白い」のだ。このインタビューでも、しばしば「面白い」と小三治はいう。この語にこだわり、この語があらわす事態が、最高のものであることを暗に示唆する。

そして、師匠の小さんの口癖は、「その了見になることだ」という。この一語しかいわない。これも謎だ。「その了見になる」と「面白い」というのは、どういう関係なのか。『落語家論』のなかで、「年をとるということは、いろいろなことがわかってきて、とても面白いのである」（二六七頁）という。そして、突然コンソメ・スープの話をする。

おいしいコンソメ・スープは、舌に乗せたときに、ただの液体でなく、えもいわれぬ歯ごたえというか含みというか質感というか、それがある。そしてなにげない味の奥に、実に複雑な味がからみ合っている。

なるほど。これだと思った。小三治のいう「面白さ」とは、「なにげない味の奥に、実に複雑な味がからみ合っている」状態なのだ。これこそが、小さんのいう「その了見になる」ということだろう。つまり、その人物（あるいは、対象）を内側からまるごとわかるということなのだ。

その人自身になってしまえば（「その了見になる」）、その人の性格や癖や思いや振舞いが、からみあった複雑な状態のまま手にとるようにわかるだろう。これこそが、「面白い」ということではないのか。いわば、ベルクソン哲学の要諦である「直観」と同じなのだ。内側から、からみあったままをそのまますくいとる。

小三治も、広瀬さんのインタビューでこういっている。

まるで面白くないんだ、あの噺は……っていうことは、やっぱり、ウチの師匠の教えですね、全部。「その了見になれ」。了見になれってのは、その人になり切れってことですけど、その人になり切ると、ウチの師匠が言うには、その背景が

（二六八頁）

見えてくるっていうんですよ。

（四五頁）

「柳家」は、その登場人物になりきることで噺をし、「三遊亭」は、その仕種や動きを外側から造型することで役に入っていく。まさに小さんは、「柳家」の伝統の教えをいっている。

これはしかし、演劇でいえば、まさにスタニスラフスキー・システムだろう。ロシアの演出家スタニスラフスキーが唱えた演技の理論だ。その役の感情を自分自身で経験し、その人そのものになり切るという方法である。リー・ストラスバーグによってアメリカのアクターズ・スタジオにも、この理論は導入された。

マーロン・ブランド、ポール・ニューマン、ロバート・デ・ニーロ、アル・パチーノなど。アメリカ映画の屈指の名優たちは、たいていこのスタジオの出身者だ。マリリン・モンローでさえ、一時期このスタジオに通った。

こう考えれば小三治は、デ・ニーロと同じようなやり方で、噺のなかの人物になり切っていることになる。つまり「その了見になっている」ことになるだろう。デ・ニーロと小三治の顔が似ているような気になってくるのは、わたしだけだろうか……。
小三治の一番好きなところは、こんな話をするときだ。

落語っていうものを、ちゃんとわかってくれたら、あの政治家たちはあんなこと言わないだろう、とは思うんですよ。どの政治家も。政治家ってものが大体嫌いですね。政治家その人たちは嫌いじゃないのかもわかんないけど、政治家やるってことになると、結局、肩書きのために、ああいうこと言っちゃいけないとか、こういうこと言っちゃいけないとか。

（二六頁）

本当にそう思う。小三治さん、いいこというね。さらに返す刀で、自分のことをいつも棚に上げている「評論家」という人種も一刀両断だ。

うん、だからそういう人は当てにしません。評論でね、ちゃんとしたことを言える人は誰もいない。一人もいません！

――（六五頁）――

そう、その通り。苦しいときも悲しいときも、もちろん嬉しいときも、いつでもみんなが、落語やお笑いを見て笑っていられれば、政治家が余計なことをするより、評論家が勝手なことをいうより、ずっといい世の中になるだろう。とっても「面白い」世の中に。

『ろんだいえん　21世紀落語論』

三遊亭円丈（彩流社）

円丈さんの落語を初めて見たときは衝撃的だった。一発でノックアウトされた。「何なんだ、これは!?」と思った。ホリケンや鳥居みゆきや「日本のイギー・ポップ」（？）江頭2：50の芸風が好きな私にとって、円丈師匠の「グリコ少年」は、最も好きなタイプの噺だ。

ようするに、この人は天才なのだ。本書も、その天才の天才たる所以があふれでている。最近文庫になった『師匠、御乱心！』（小学館文庫）も、とても素敵な『落語家の通信簿』（祥伝社新書）も捨てがたいが、本人が「落語家円状の遺言」（五頁）とまでいっているので、この本をとりあげてみたい。そもそもこの変なタイトルは、何だ。

なんだ？　その『ろんだいえん』って。つまり、円丈が落語を「論じ」「台本を書き」「演ず」で『ろんだいえん』なんだ。

（五頁）

う～ん。さすが円丈さん。何ともコメントできないすごさだ。バカボンのパパに匹敵するといえるだろう。まいった。

「原理的に考える」というのは、「本音で考える」と同義だと思う。哲学の領域でいえば、最も素朴な問いかけこそ、この上なく原理的な哲学の問いである可能性が高い。「なぜ、われわれは生きているのか」といった問いのことだ。

ある程度哲学を学ぶと、あるいは、ある年齢以上になると青臭くていえなくなる問いこそ、本物の哲学の問いである。そういう意味で、円丈さんは、まったく隠すことなく本音を述べていく。ひるまず照れず誰も問題にしないところを暴くのだ。すがすがしいくらいである。

まず、噺家を三ランクに分ける。

演ずるだけのアクター――最低ランク

これは演ずるだけの芸人で自分ではオリジナルのギャグのひとつもできない人。

もちろん新作を作るなんて思いもよらない噺家。これを「アクター」と言う。円丈式分類ではこれを最低ランクとする。

（一二～一三頁）

アレンジャー――アレンジならできる

演ずることと同時にギャグが作れて噺をアレンジすることができる。これを円丈はアレンジャーという。正直、これからの二十一世紀の落語は、最低でもここまでレベル・アップをさせておかないとメシを食うことは難しいと思う。

（一三頁）

クリエーター――これこそが価値ある芸人

噺を創造することができる噺家が最上級のクリエーター。それも自作の中に何本か、おもしろいと評価される落語を作って、初めてクリエーターといえる。円丈は間違いなくこのクリエーターだ。

（一四頁）

自分のことを「円丈」と書くことについては、不問にふそう。一時期の小泉今日子のようだ。もしかしたら、深い意味があるのかもしれない（自己の客観化とか……？）。よくわからない。

さて、この分類だと、いままでの名人上手をどこに分類すればいいのか、恐ろしくなる。こんなことを平気でいえるから、円丈さんは原理的なのだ。

実は、哲学の世界でも、この「クリエーター」にあてはまる人は、それほど多くないかもしれない。さしさわりがあるので詳しくは話せないが（私が原理的でない証拠）、最近でいえば、ベルクソンとかフッサールとか西田幾多郎くらいか。ウィトゲンシュタインは？少なくとも「クリエーター」ではないだろう。ハイデガーは？……（沈黙）

それはさておき。円状の落語の破壊的な定義をみてみよう。

落語とは、噺家が高座に一人であがり、本人が落語だと思ってやったことはすべて落語である。

（二六頁）

すごい。何もいっていないに等しい。ただ、この定義によれば、落語をするためには、まず噺家になって高座にあがる必要があるので、かなり難しいだろう。ただ、一度噺家になってしまえば、何をしても落語になる。とてつもないことだ。

さて、もうひとつ、落語の定義をしているところがある。

円丈は、よく入門したての弟子に、「いいか、落語の芸というのは言葉の曲芸なんだ」というと、だいたい弟子はきょとんとしている。「言葉の曲芸」という意味がまったく理解できない。この意味が、噺家になって五年、十年たってやっと分かってくるのだと思う。

（二一五頁）

噺家は、何をやっても落語になるが、しかし、何年もやって初めて、落語の二番目の定義が理解できるというのだ。深い。この定義は、「第五章　円丈の落語演技論」の冒頭にでてくる。この章では、落語の技術論がじっくり語られる。つまり、しっかりした技術にもとづかない噺は、落語ではないというわけだ。やはり円丈師匠は、ただものではない。落語家としてすすむ道は、まったく異なったけれども、円丈は、師匠三遊亭円生をとても尊敬している。それがわかる引用をして最後にしたい。


「芸は砂の山」

　師円生のことばで、一番印象に残った言葉がこれ！　とにかく、今までいろんな噺家を見てきたが、一番稽古していたのがわが師円生だった。車の中とか一人になるとすぐ、「ブツブツ、ぶつぶつ……」と噺の稽古をする。ホントによく稽古する師匠だった。その師匠に聞いた。

「師匠、どうも落語ってネタおろしのときはウケて、二回目のときはあまりウケなかったというのがよくあるんですが、どうしてなんでしょう？」

「そりゃ、芸は砂の山だ！　芸というのは砂の山。いつも少しずつ崩れている。私の芸はここまで上がったと思っても、なにもしないとずるずる、ずるずると落ちてくる。そこで、砂が崩れる分だけ稽古をして、上ってやっと前と同じ芸なんだ。だから、もし芸を上げようと思ったら大変だ。砂が崩れる以上の努力で上っていけば、その分だけ少し芸が上がる。ネタおろしのときは緊張して全力でその落語をやっているが、二回目になると、前にやったから少し安心して手を抜く。しかもそれから稽古もしてなきゃ、ウケなくて当然なのだ。芸は砂の山だ。何もしないと芸は下がる」

（二四四〜二四五頁）

いやあ、恐ろしい話である。円丈さんの破天荒な落語論と名人円生の存在とは、深いところで結びついている。円丈の裏面は、円生でできているのだ。

『創作落語論』　五代目柳家つばめ（河出文庫）

とても刺激的な本だ。柳家つばめは、五代目柳家小さんの弟子で、立川談志と同時期に修業した。入門もほぼ同時なのだが、ほとんど交流はなかったらしい。本書所収の対談で、つばめの弟子・夢月亭清麿は、つぎのようにいっている。

たぶん性格的に（談志とつばめは、全然合わない――引用者）。同じ小さんのところでまったく同期で二ツ目にもなり一緒に真打にもなりましたから、本来だったらもう肝胆相照らすみたいな濃い仲になっても不思議じゃないところですけど、二人で連れ立ってお酒を飲みに行ったなんていう話は、僕は見たことも聞いたこともないですね。

（二三六頁）

ところが、本書でつばめがいっていることは、談志の主張ととても似ている部分がある。不思議だ。この二人が、落語について、かなり真剣に考えていた（それも同じような方向で）のはたしかだと思う。

柳家つばめは、非常に独特な人で、『落語の世界』（河出文庫）という本の第一章のタイトルは、「自殺した落語家」である。自分が入門してわずか二、三年の間に四人の落語家が自殺したという。こんな始まり方は、なかなかできない。

本書も「古典落語は邪道である」という章からはじまる。何とも刺激的で挑発してくるタイトルではないか。つばめの出発点は、「落語は大衆芸能である」ということである。これを「絶対的な条件」として話を進めるという。だから、「解説つきの落語」などというのは許容できない。解説がなければ理解できない古典落語などは、「邪道」なのである。たしかに、どんな古典でも、それが登場した時点では新作だった。それは、音楽の世界でも文学でも哲学でもそうだ。そのような新作が「古典化」するのは、その噺（作品、曲）が、普遍的な〈何か〉をもっているからだろう。

そうして古典化すると、その本質である普遍的な〈何か〉を、より面白く提供するために、噺家は細かい技術をみがき、演奏者はその技術を毎日トレーニングする。

しかし、こうも考えられないだろうか。普遍的な〈何か〉などは存在しない。現代のこの瞬間にわれわれが生きているということこそが、つねに真実であり、これ以外には何もない。歴史の一回性こそが大切なのだ。

たとえば文学を例にとってみよう。われわれは、二十一世紀に生きているのだから、現代の文学、たとえば村上春樹やカズオ・イシグロだけを読めばいい。まさに今の私たちの切実な問題を小説にしているのだから。『カラマゾフの兄弟』は、ロシア人の名前を覚えるのが面倒だし、『源氏物語』など、現代人にとっては何のリアリティもない。

たしかにそうかもしれない。それはまったくただしい。歴史の唯一無二の〈今〉にこそ、われわれは生きている。ただ、その〈今〉は、不思議なことに過去へと通底し、未来へ滲《しん》出《しゅっ》していく。〈今〉のもつ持続は、無限の時間のもつ大海へと自然に流れこんでいく。

おそらく村上やイシグロのなかにも、イワンやアリョーシャの苦悩があるだろうし、光源氏の心情の揺れがあるだろう。一言でいえば、つながっているのだ。村上やイシグロの作品が、ドストエフスキーや紫式部がいなければ存在しないとまではいわないけれども、地続きであることはたしかだ。この「地続き」ということのうちに、普遍的な〈何か〉のヒントがあるにちがいない。

柳家つばめがいうように、たしかに「古典落語は邪道である」のかもしれない。しかし、この「邪道」は、必然的な道であり、われわれ人類の基底にある「普遍的な〈何か〉」と接触しているのではないか。

つばめは、とても勇気のある発言をしている。「落語を毒する評論家」の章で、つぎのようにいう。

> つまり、評論家は殿さまに、現場の人間は家来になる。（中略）
> 評論家は、だから権力者である。
> それも、権力なき権力者。
> たぶん、ご本人は権力者などと思っていないだろう。
> だからこわい。
> （一〇〇頁）

これほどストレートに評論家のいかがわしさを指摘した人物はいないだろう。時の総理大臣を、「佐藤栄作の正体」という噺で茶化したために、政治的圧力がかかりテレビ局に干されてしまっただけのことはある。なかなかここまで本当のことはいえない。
落語とその作者についても、とてもラディカルな考えをつばめは書く。

落語というものは、個人の力でできあがるものではない。
作者の手を離れたら、その時から一人立ちして、大衆から栄養分をとって、自分で成長していくものなのだ。

（一八〇頁）

たとえば、新作を創ったとしても、それが完成するのは、演じる落語家と、それを聴く人たちによってだというのだ。作者（＝落語家の場合もある）が作品をいったん創ると、それは他の人たち（落語家、聴衆）によって成長していくのである。
しかしこれは、さきほどの「古典化」と同じ過程ではないのか。誰かがつくった新作が、多くの落語家や観客によって、一つの作品として成立する。歴史のなかでたくさんの人の手や耳や声によって彫琢されていく。これは、まさに「邪道としての古典落語」のたどる道ではないのか。

あとがき

初めてちゃんと落語を聞いたのは、高校のとき、神田君（のちに長崎大学でお医者さんになったらしい）の寮でだった。神田君が、笑福亭仁鶴のレコードを聴かせてくれたのだ。ものすごく面白かった。たしか、「三十石」だったと思う。狭い部屋で、二人でげらげら笑ったのを覚えている。

落語って、こんなに面白いんだと思った。その頃は、映画の寅さんを全部見たり、小さい頃から植木等（「植木等ショー」は、最高だった）が好きだったり、お笑いにはとても関心があったけれども、落語には近づいていなかった。だから、すごく新鮮だった。

その後は、鹿児島の甲突川《こうつきがわ》の河原で、佐藤信の黒テント（「阿部定の犬」）を見て、演劇にのめりこんでいき、落語とはすっかり縁がなくなった。唐十郎や寺山修司といった人たちにあこがれ上京する。結局、土方巽のアスベスト館に入り、金沢舞踏館の山本萌さんのところに二年間ほど通った。

その後暗黒舞踏もやめ、あるとき、大学近くの高幡不動尊の参道入口にあったレコード屋に入った。店頭に積まれていた落語のカセットをたまたま買う。とても安かったので、いくつか買ったなかに、古今亭志ん生の「火焔太鼓」があった。これはもう、なんとも形容のできない物凄さだった。形容できないので、しない。とにかく志ん生師匠の虜になった。

志ん生さんの名前は、もちろん知ってはいた。松岡正剛とタモリの対談（『愛の傾向と対策』工作舎）で、「文楽もいいけど、今になってみると、やはり、志ん生の方がいいね」などと二人で語っていたからだ。とてつもなく変なおじいさんが、この世界に一人いたんだなという認識はもっていた。

当時は漫才ブームで、B&Bやツービートといった若手がお笑い界の地図を塗り替え始めていた頃だった。もちろん、「やすきよ」も健在だったし、コント55号の全盛期の余韻もあった。明石家さんまという天才も頭角を現していた。タモリの「笑っていいとも！」の前の番組「笑ってる場合ですよ！」にでていた春風亭小朝だけが、落語家としては、この流れに乗っていたような気がする。

そういうテレビのなかの喧騒とは離れて、多摩動物公園の近くの六畳のアパートで、志ん生さんの「火焔太鼓」をラジカセに入れて聴いたのだ。いま思いだしても、至福の時だった。何度もなんども志ん生さんを聴いて、笑いつづけていたのだから。異次元のおじいちゃん。この世を軽く超越したシュールな面白さ。これは、もう「落語の神」だね、と思った。

そういえば、不思議な記憶がある。東京にでたての頃、新宿の地下道を歩いていて（その頃は、矢来町！　の近くの原町に住んでいた）、向かい側から着流しのとてもお洒落なおじいちゃんが、やってきた。何とも印象的で、ようするに、「この人は、ただものではない」と思ったわけだ。あとで、落語にのめりこんでから、「あっ、あのときのおじいちゃんだ」とわかった。志ん生さんの長男、金原亭馬生師匠だった。東京にでて初めて会った有名人は、十代目の馬生さんだったわけだ。ありがたい偶然である。

その後、大学院にはいり、哲学を専門にしたので、お笑いとはかなり距離ができた。慣れない心身を、無理やり学問仕様につくりかえていったのだ。いまでもその「つくりかえ」の作戦は、うまくいっていないかもしれない（これ、ほんと）。だが、とにかくそういう時代を過ごした。

誰でもそうなのだが、大学院時代は、ものすごく忙しい。これは、冗談でも誇張でもなく、何度も「このままでは死んでしまう」と思った、体力的に（もちろん、精神的にも）。

どうにか生き延びて、戦場から帰還して、少し余裕ができた頃に、志ん朝さんや桂枝雀さんといった心から好きな落語家を聴きにいっていた。志ん朝師匠の名人として完成された至芸、親父の志ん生さんと名人・八代目桂文楽とを足して二で割らない（倍にしてもいいくらいの）畏《おそ》るべき高みに、魂をつかまれつづけていた。

変なことをいうようだが、枝雀さんは、ある意味で、志ん生師匠のシュールな世界を色濃く受けついでいると思う。とても関西弁とは思われないおかしな言語をつかい、どんどん逸脱していく登場人物による夢のような世界が現出する落語は、志ん生さんの世界ではないのか。怪物古今亭志ん生の超越的異次元の正統な後継者は、桂枝雀師匠だと私は思う。

いつも、「お金と暇がたっぷりあれば、志ん朝さんの追っかけになるのに」といいつづけていた。それなのに、志ん朝さんが、二〇〇一年の十月一日に亡くなったもんだから、すべて水泡に帰した。もちろん、お金と時間がふんだんにある時代は、自分には決してこないかもしれない、こないだろう、こないにちがいない。でもやはり、人生の大きな目標が一つなくなったことはたしかだ。

志ん朝さんや枝雀さんが亡くなった後でも、多くの素晴らしい噺家さんが、いろんなところで、笑いや涙をわれわれに提供してくれている。落語の世界に優しく誘《いざな》ってくれる。

私は、笑いこそが、日々の生活必需品だと思う。笑いで世界は変わるのであって、政治によってではない。笑いのない世界に未来はないだろう。これはたしかだ。

この上なく豊饒で、底知れない喜怒哀楽をふくむ落語の世界に、この本をきっかけに少しでも興味をもっていただければ幸いである。

この本は、亜紀書房の内藤寛さんとの共同作業だ。藤沢の「もるげん珈琲」という喫茶店で、哲学と落語をからめた連載をＷＥＢでしませんか、と内藤さんがいってくれた。面白そうだなと思ったけれども、自分にできるだろうかとかなり不安もあった。

落語の歴史に詳しい方や、毎日のように寄席通いをしている人たちが、沢山いらっしゃる。落語が好きなだけの私のような素人が、口をだしていいのだろうかと思った。

始めてみると、わりと楽しく原稿は仕上がっていった（もちろん、何度も遅れましたけれども。内藤さん、ごめんなさい）。自分がもっているＣＤやＤＶＤ、あるいは、ネットで見たり聞いたりできる落語を聴く作業も楽しかった。じっくり聴くと、いろいろ発見もある。普段はしない聴き比べなどもした。

文章は、いま思い返してみると、別役実、詩人の岩成達也、佐藤正午のエッセイ、太宰治や梅崎春生の短篇などが知らないうちに背後に潜んでいたんだなと思う。無意識のなかにたたずむ大好きな人たちが、私の文章を助けてくれたという感じだろうか。

本職が哲学なので、なかなか難しい話もあると思う。とくにこの時期は、ずっと西田幾多郎を読んでいたので、その影響も少なからずあったのではないか。「絶対矛盾的自己同一」的な文章が、散見されるかもしれない。案の定、最後に西田が暴発してしまった。でも、この本のもとになった「あき地」での連載は、本当に楽しんだ。こんなに楽しく文章を書いていいのかと思うほどだった。読んでくださる方々にも、その感じが、伝染してくれればいいのだが。この本の最初のアイデアをだしてくれた内藤さんには、心より感謝したい。

こうやって書いてきて思ったのは、落語と哲学は、稀に見るほど相性がいいということだ。

そう思いませんか、みなさん?

中村昇

本書を三代目古今亭志ん朝師匠の霊前に捧ぐ

本書は、ウェブマガジン「あき地」二〇一六年九月～二〇一八年四月に「落語で哲学」と題して十七回連載したものに、「付録」を書き下ろしてまとめたものです。

中村昇 なかむらのぼる

1958年長崎県佐世保市生まれ。中央大学文学部教授。

中学のときに小林秀雄に、19歳のときに松岡正剛にであう。

未だにこの二人の影響圏内にいるといっても過言ではない。師事したのは、
中学・高校の恩師である詩人・徳重敏寛、暗黒舞踏の創始者・土方巽、
そして哲学者・木田元である。趣味は、落語以外は、将棋、格闘技、万年筆。

著訳書に、『いかにしてわたしは哲学にのめりこんだのか』（春秋社）、

『小林秀雄とウィトゲンシュタイン』（春風社）、『ホワイトヘッドの哲学』（講談社選書メチエ）、

『ウィトゲンシュタイン　ネクタイをしない哲学者』（白水社）、

『ベルクソン＝時間と空間の哲学』（講談社選書メチエ）、

『ウィトゲンシュタイン『哲学探究』入門』（教育評論社）、

『どこでもないところからの眺め』（トマス・ネーゲル、共訳、春秋社）など。

落語―哲学

2018年8月15日　第1版第1刷発行

著　　者　中村昇
発 行 者　株式会社亜紀書房
101-0051　東京都千代田区神田神保町1-32
電話 (03)5280-0261
振替 00100-9-144037
http://www.akishobo.com
装　　丁　寄藤文平＋吉田孝宏（文平銀座）
D T P　コトモモ社
印刷・製本　株式会社トライ
http://www.try-sky.com

Printed in Japan
乱丁本・落丁本はお取り替えいたします。